SANTIDAD, VERDAD Y LA PRESENCIA *de* DIOS

FRANCIS FRANGIPANE

CASA
CREACIÓN

El pero que
este libro te
pueda ayudar
sepas que te quiero
mucho.
Y tendras una amiga
para siempre.
Te cuydia
Gisel
7/2/09

La mayoría de los productos de Casa Creación están disponibles a un precio con descuento en cantidades de mayoreo para promociones de ventas, ofertas especiales, levantar fondos y atender necesidades educativas. Para más información, escriba a Casa Creación, 600 Rinehart Road, Lake Mary, Florida, 32746; o llame al teléfono (407) 333-7117 en Estados Unidos.

Santidad, verdad y la presencia de Dios por Francis Frangipane
Publicado por Casa Creación
Una compañía de Charisma Media
600 Rinehart Road, Lake Mary, Florida 32746
www.casacreacion.com

Traducido por: Wendy Bello
Diseño por: Nathan Morgan
Director de diseño: Justin Evans

Originally published in the U.S.A. under the title:
Holiness, Truth, and the Presence of God, published by Charisma House,
A Charisma Media Company, Lake Mary, FL 32746 USA. Copyright © 2011
Francis Frangipane. All rights reserved

Visite la página web del autor: www.frangipane.org.

Library of Congress Control Number: 2010942466
ISBN: 978-1-61638-109-7
E-book ISBN: 978-1-61638-502-6

Impreso en los Estados Unidos de América
15 16 17 18 19 * 6 5 4 3 2 1

Contenido

Introducción. v

Primera parte: El comienzo de la santidad

1   La humildad precede a la santidad 1

2   ¡Encuentre a Dios!. 7

3   La tienda de la reunión 10

4   Dos cosas, solo dos cosas. .16

Segunda parte: El Espíritu de gracia

5   Cuando Cristo se revela. 24

6   "Nunca más recordaré sus pecados" 32

7   Acercarse al Dios santo 39

Tercera parte: El poder de Dios en una vida santa

8   La santidad antecede al poder 46

9   Mantener puro su camino. .51

10 El Espíritu Santo de verdad. 57

11 El arrepentimiento y el camino que
    Dios considera santo. 64

Cuarta parte: Huir de la falsedad

12 Cuidado: Es fácil fingir el cristianismo. 70

13 Un corazón sin ídolos. 77

14 El ídolo del falso conocimiento 83

Quinta parte: El dulce aroma del fruto santo

15   La santidad es un árbol cargado
     de frutos maduros...........................92

16   El poder transformador de la verdadera santidad...99

17   El camino de la santidad......................106

Sexta parte: El brillo de la santidad

18   Un lugar para su reposo......................112

19   La lámpara resplandeciente de la santidad.......119

20   El camino al lugar santo 125

Séptima parte: Pureza de corazón

21   Pureza de corazón: Visión abierta.............138

22   La virgen concebirá un hijo 143

     Para cerrar 151

INTRODUCCIÓN

PARA LOS QUE están esperando encontrar en este libro una serie de reglas, les diré de antemano, hay una. La santidad que estamos buscando va más mucho más allá de limpiar lo de fuera del vaso (Lucas 11:39). No estamos buscando un antídoto que trate los efectos sino la causa de nuestra condición humana. Estamos buscando al Dios viviente porque la verdadera santidad no viene de seguir reglas, sino que viene de seguir a Cristo.

El camino hacia la verdadera santidad, por ende, es un camino lleno tanto de vida como de muerte, de peligros y bendiciones. Es un camino en el que usted será desafiado, capacitado, provocado y crucificado. Pero no será decepcionado. Si es a Dios a quien usted busca, será a Dios a quien encontrará.

Quizá usted también descubra cosas en este libro que cuestionará. No me atrevo a decir que escribí sin ningún error. Se ha hecho un gran esfuerzo para presentar la verdad de Cristo sin ningún error, pero estaré muy agradecido a aquellos santos que tengan la bondad de darme sus opiniones. Si corresponde, añadiré esas correcciones a una revisión ulterior.

Una última cosa, nuestras mentes tienen la tendencia de justificar todo lo que creemos, ya sea verdad o no. La prueba final de que nuestras doctrinas son correctas se evidencia en nuestras vidas: "El que dice que permanece en Él, debe andar como Él anduvo" (1 Juan 2:6). La fuerza de estos mensajes está dirigida a aquellos que desean la vida santa y poderosa de Jesucristo.

Si su meta no es la semejanza a Cristo, los beneficios de leer este libro disminuirán considerablemente. De hecho, nadie que esté satisfecho consigo mismo avanzará mucho en estas páginas. Pero a aquellos que utilicen estos principios los confío a la gracia de Dios, solo Él les dará la fuerza para llegar a su meta de verdadera santidad.

—FRANCIS FRANGIPANE

PRIMERA PARTE

EL COMIENZO DE LA SANTIDAD

ଓଃ

Piense que está a punto de emprender un viaje. Como en todas las expediciones, nuestro viaje comienza con una salida. Mucho antes de que lleguemos a la santidad debemos salirnos de la justicia propia y el orgullo. Si vamos a vivir realmente en la presencia de Dios, primero debemos viajar por el camino de la humildad y la verdad.

Capítulo 1

LA HUMILDAD PRECEDE
A LA SANTIDAD

Mientras más crezco en Dios, más pequeño me vuelvo.

[ALLEN BOND]

Un hombre santo es un hombre humilde

"APRENDED DE MÍ, que soy manso y humilde de corazón" (Mateo 11:29). La voz más santa y poderosa que haya hablado jamás se describió a sí misma como "manso y humilde de corazón". ¿Por qué comenzar un mensaje sobre la santidad con una cita sobre la humildad? Sencillamente porque *la santidad es el resultado de la gracia* y Dios solo da gracia a los humildes.

Es crucial que entendamos que Jesús no condenó a los pecadores; condenó a los hipócritas. Un hipócrita es una persona que excusa su propio pecado mientras condena los pecados de otros. No es solo alguien de "dos caras" porque hasta los mejores de nosotros tenemos que trabajar para tener determinación en todos los casos. *Un hipócrita por lo*

1

tanto es alguien que se niega a reconocer que en ocasiones tiene dos caras y de ese modo finge una justicia que él no puede vivir.

De hecho, el hipócrita no discierne su hipocresía, porque no puede percibir los errores que hay en sí mismo. Rara vez trata con la corrupción que hay en su corazón. Ya que no busca misericordia, no tiene misericordia para dar; ya que siempre está bajo el juicio de Dios, juzgar es algo que se hace patente en él.

No podemos seguir siendo hipócritas y al mismo tiempo encontrar santidad. Por lo tanto, el primer paso que debemos dar hacia la santificación es reconocer que no somos tan santos como nos gustaría ser. El primer paso se llama humildad.

En nuestro deseo de conocer a Dios debemos discernir esto acerca del Todopoderoso: Él resiste a los soberbios pero da su gracia los humildes. La humildad da gracia a nuestra necesidad y solo la gracia puede cambiar nuestros corazones. *Por lo tanto, la humildad es la infraestructura de la transformación. Es la esencia de todas las virtudes.*

En alguna etapa de nuestras vidas todos hemos sido confrontados con las impurezas de nuestros corazones. El Espíritu Santo revela nuestra pecaminosidad, no para condenarnos sino para establecer humildad y profundizar la conciencia de nuestra necesidad personal de gracia. Es en esta encrucijada donde se engendran tanto los hombres santos como los hipócritas. Aquellos que se vuelven santos ven su semilla y caen postrados delante de Dios para recibir liberación. Los que se vuelven hipócritas son aquellos que, al ver su pecado, lo excusan y así permanecen intactos. Aunque al final todos los hombres tendrán que llegar a esta encrucijada, son muy pocos los que aceptan la voz de la verdad; son muy pocos en realidad los que caminarán humildemente hacia la verdadera santidad.

Por lo tanto, la santificación no comienza con reglas sino con el abandono del orgullo. La pureza comienza con nuestra negativa enérgica a ocultar el estado de nuestros corazones. Del descubrimiento de uno mismo proviene la humildad, y en la mansedumbre crece la verdadera santidad.

Si no esclarecemos la depravación de nuestra vieja naturaleza, nos convertimos en "cristianos fariseos", hipócritas, llenos de desprecio y justicia propia. ¿No nos advirtió nuestro maestro en contra de aquellos que "que confiaban en sí mismos como justos, y menospreciaban a los otros" (Lucas 18:9)? Cada vez que juzgamos a otro cristiano lo hacemos con una actitud de justicia propia. Cada vez que criticamos a otra iglesia el motivo de nuestras palabras es el menosprecio. La ironía de nuestro cristianismo es que muchas iglesias se ven unas a otras con actitudes idénticas de superioridad. *La iglesia moderna se ha repletado de aquellos que, creyendo que son santos, se han convertido exactamente en lo contrario de la santidad ¡porque carecen tanto de humildad!*

Sin embargo, la humildad que buscamos se saca de un pozo que es más profundo que la conciencia de nuestras necesidades. Incluso en momentos de llenura espiritual debemos deleitarnos en nuestra debilidad y saber que toda fuerza es el producto de la gracia de Dios. La humildad que esperamos encontrar debe ir más allá del patrón de vivir vidas orgullosas, interrumpidas momentáneamente por intervalos de humillación propia. La humildad debe convertirse en nuestro modo de vida. Como Jesús debemos deleitarnos en ser "humildes de corazón". Al igual que Jesús, sus discípulos son humildes por elección propia.

Cualquiera puede juzgar pero ¿usted puede salvar?

A los hipócritas les encanta juzgar; les hace sentir superiores. Pero no debe ser igual con usted. Usted debe buscar ardientemente la humildad de corazón. Muchos cristianos celosos pero orgullosos no alcanzaron la santidad porque supusieron que estaban llamados a juzgar a otros.

Jesucristo no vino a condenar al mundo sino a salvar al mundo. Cualquiera puede juzgar pero ¿acaso pueden salvar? ¿Pueden entregar sus vidas con amor, intercesión y fe por aquel que es juzgado? ¿Pueden captar una necesidad y, en lugar de criticar, ayunar y orar y pedirle a Dios que supla esa misma virtud que ellos creen que está ausente? Y luego entonces, ¿pueden perseverar en la oración motivada por el amor hasta que ese aspecto caído florezca en santidad? ¡Tal es la vida que Cristo nos manda que llevemos!

Juzgar según la carne solo requiere ojos y una mente carnal. Por otra parte, se necesita la fidelidad amorosa de Cristo para redimir y salvar. Un acto de su amor revelado a través de nosotros hará más para calentar los corazones fríos que la suma de todas nuestras críticas pomposas. Por lo tanto, crezca en amor y sobresalga en excelencia y tendrá una percepción más clara en cuanto a la esencia de la santidad porque es la naturaleza de Dios, quien es amor.

Alguien pudiera decir: "Pero Jesús condenó el pecado". Sí, y nosotros también condenamos el pecado pero el primer pecado que debemos condenar es el pecado de juzgar a otros, porque oscurece nuestra visión para poder discernir el pecado en nosotros mismos (Mateo 7:5). Entienda esto: *¡nunca llegaremos a ser santos criticando a otros, ni nadie se acerca más a Dios al buscar faltas!*

Si estamos buscando nuestra santificación de manera honesta, pronto descubriremos que no tenemos tiempo para juzgar a otros. De hecho, al tener necesidad de misericordia, buscaremos ansiosamente oportunidades para mostrar a otros misericordia.

Sí, la Escritura nos dice que Jesús juzgó a los hombres en ciertas situaciones, pero su *motivo* siempre fue salvar. Su amor estaba comprometido de manera perfecta con aquel a quien juzgó. Cuando nuestro amor del uno hacia el otro es tal que podemos decir honestamente, como Cristo: "No te desampararé, ni te dejaré" (Hebreos 13:5), nuestro poder de discernimiento se perfeccionará de igual modo, porque solo el amor es lo que nos da motivos puros al juzgar (1 Juan 4:16–17).

¿Todavía insiste usted en buscar faltas? Tenga cuidado, el estándar de Cristo para el juicio es alto: "El que de vosotros esté sin pecado sea el primero en arrojar la piedra contra ella" (Juan 8:7). Sí, denuncie la injusticia, pero hágalo motivado por el amor de Jesús. Recuerde, está escrito: " en que siendo aún pecadores, Cristo murió por nosotros" (Romanos 5:8). *En el Reino de Dios, a menos que usted primero esté comprometido a morir por las personas, no se le permite juzgarlas.*

También es importante señalar que los oídos que escuchan el chisme y las críticas son tan culpables como la boca que los dice. No contribuya a tales pecados. En cambio, detenga al ofensor para que no hable y suplíquele que interceda, como lo hace Jesús, por esa persona o situación. Sus oídos son santos, no deje que se pongan de acuerdo con el acusador de los hermanos (Apocalipsis 12:10).

Recuerde, Cristo no condenó a los pecadores; Él condenó a los hipócritas. Él se contó a sí mismo *entre* los pecadores al llevar nuestros pecados y nuestras penas (Isaías 53). Esta es la humildad que estamos buscando. De hecho la santidad destella en los mansos y humildes de corazón.

Capítulo 2

¡Encuentre a Dios!

Hay una sola cosa que impide que muchas iglesias prosperen espiritualmente. Todavía no han encontrado a Dios.

La santidad viene al buscar la gloria de Dios

"¿Cómo podéis vosotros creer, pues recibís gloria los unos de los otros, y no buscáis la gloria que viene del Dios único?" (Juan 5:44). Si mostramos nuestra espiritualidad para impresionar a los hombres, si seguimos buscando el honor de parte de otros, si seguimos viviendo para dar una imagen de justicia o especial o "ungida" delante de las personas, ¿podemos decir honestamente que hemos estado caminando cerca del Dios vivo? Sabemos que nos relacionamos correctamente con Dios cuando nuestra sed de su gloria hace que olvidemos la alabanza de los hombres.

¿Acaso no palidece toda gloria a la luz de Su gloria? Así como Jesús desafió la autenticidad de la fe farisea, nos desafía a nosotros: "¿Cómo podéis vosotros creer, pues recibís gloria los unos de los otros?"

Qué consuelo tan enclenque es la alabanza de los hombres. Sobre una repisa tan frágil fomentamos nuestra felicidad nosotros los mortales. Analícelo: a unos pocos días después de que los licaonios intentaron *adorar* a Pablo, se estaban felicitando a sí mismos por haberlo apedreado (Hechos 14:11–19). Analícelo: ¿no fue la misma ciudad cuyos cantos y alabanzas recibieron a Jesús como "Rey Manso, y sentado sobre una asna" (Mateo 21:5–9) la que gritó: "¡Crucifícale!" menos de una semana después (Lucas 23:21)? ¡Buscar la alabanza de los hombres es ser arrojado a un tremendo mar de inestabilidad!

Tenemos que preguntarnos a nosotros mismos, ¿qué gloria buscamos en la vida, la de Dios o la nuestra? Jesús dijo: "El que habla por su propia cuenta, su propia gloria busca" (Juan 7:18). Cuando hablamos por nosotros mismos y de nosotros mismos, ¿no estamos buscando de los hombres la alabanza que solo le pertenece a Dios? Buscar nuestra propia gloria es caer de bruces en la vanidad y el engaño. "Pero", Jesús continúa diciendo: "el que busca la gloria del que le envió, éste es verdadero, y no hay en Él injusticia" (v. 18). El mismo tipo de corazón que hizo que las intenciones de Cristo fueran verdaderas debe convertirse también en nuestra norma. *¡Porque solo en la medida en que busquemos la gloria de Dios serán ciertas nuestras motivaciones! ¡Solo en la medida en que habitemos en la gloria de aquel que nos envía no habrá injusticia en nuestros corazones!*

Por lo tanto, entreguémonos a buscar la gloria de Dios y hagámoslo hasta que lo encontremos a Él. A medida que contemplemos la naturaleza de Cristo, a medida que nuestros ojos los vean *a Él*, como Job nos aborrecemos y nos arrepentimos en polvo y ceniza" (Job 42:6). Al bañarnos en su gloria seremos lavados de buscar la gloria del hombre.

Si verdaderamente lo encontramos, nadie tendrá que decirnos que seamos humildes. Nadie necesita convencernos de que nuestra vieja naturaleza es un trapo de inmundicia. Cuando realmente encontramos a Dios, las cosas que tienen mucho valor para los hombres se volverán detestables para nosotros (Lucas 16:15).

¿Qué podría ser más importante que encontrar a Dios? Tome un día, una semana o un mes y no haga otra cosa que buscarle, insista hasta que lo encuentre. Él ha prometido: "me buscaréis y me hallaréis, porque me buscaréis de todo vuestro corazón" (Jeremías 29:13). Encuentre a Dios y una vez que lo tenga, decida vivir el resto de su vida buscando Su gloria. Cuando lo toque, algo cobrará vida en usted: algo eterno, *¡alguien todopoderoso!* En lugar de menospreciar a las personas, usted buscará exaltarlas. Morará en la presencia de Dios. Y usted será santo porque *Él* es santo.

Capítulo 3

La tienda de la reunión

"Mi corazón ha dicho de ti: Buscad mi rostro. Tu rostro buscaré, oh Jehová".

[Salmo 27:8]

Un tiempo para buscar a Dios

Hay ciertas ocasiones en las que Dios nos llama a salirnos de la rutina de nuestras vidas cotidianas. Son épocas especiales en las que su único mandamiento es: "Buscad mi rostro". Él tiene algo precioso y muy importante que darnos y el patrón conocido de nuestras devociones diarias no se adapta a eso. En momentos así la gente a menudo es liberada de pecados que los han asediado durante años; otros descubren un camino en su andar con Dios que lleva a mayor eficacia en el ministerio y la oración; otros experimentan cambios radicales en sus familias y Dios los usa para ver a los seres queridos entrar en el Reino.

Sin embargo, aquí no estamos buscando a Dios por las cosas o ni siquiera por las personas. Estamos buscando a

10

Dios por sí mismo. La madurez comienza cuando rompemos el ciclo de buscar a Dios solo durante los tiempos difíciles; la santidad comienza en el momento en que buscamos a Dios por quien Él es. Un toque de Dios es maravilloso pero estamos en la búsqueda de algo más que una experiencia, más que "la piel de gallina y las lágrimas". *Buscamos habitar con Cristo, estar continuamente concientes de su plenitud en nosotros, que su presencia habite en nosotros en gloria.*

¿Cómo entramos en este lugar sagrado? Si estudiamos la vida de Moisés veremos cómo él buscó a Dios y vivió en comunión con Él.

> Y Moisés tomó una tienda de campaña y la armó a cierta distancia fuera del campamento. La llamó "la Tienda de la reunión con el Señor". Cuando alguien quería consultar al Señor, tenía que salir del campamento e ir a esa tienda.
>
> —ÉXODO 33:7, NVI

Observe que "cuando alguien quería consultar al Señor, tenía que salir". Si vamos a buscar verdaderamente al Señor, tenemos que "salir" como lo hacían Moisés y los que buscaban al Señor. Tenemos que montar nuestra tienda "a cierta distancia fuera del campamento". ¿Qué campamento es este? Para Moisés, así como para nosotros, es "el campamento de lo conocido".

¿Hay algo intrínsecamente malo o pecaminoso en las cosas que son conocidas? No, no en sí mismas, pero usted recordará que cuando Jesús les dijo a sus discípulos que lo

11

siguieran, Él los llamó a dejar el patrón conocido de sus vidas durante períodos largos de tiempo para estar solo con Él (Mateo 19:27; Lucas 14:33). ¿Por qué? Porque Él conocía que los hombres, por naturaleza, son gobernados inconscientemente por lo familiar. Si Él nos va a llevar a recibir lo eterno, tiene que rescatarnos de los límites de lo temporal.

Esto no quiere decir que descuidemos nuestras familias o que nos volvamos irresponsables mientras buscamos a Dios. No. Dios ha dado a cada uno tiempo suficiente para buscarle. Existe. Luego de hacer lo que el amor nos lleva a hacer por nuestras familias, sencillamente decimos no a cualquier otra voz que no sea la de Dios. Debemos redimir el tiempo: cancelar los pasatiempos, olvidar la televisión, y dejar a un lado los periódicos y las revistas. Los que quieren encontrar a Dios, encuentran el tiempo.

Lamentablemente muchos cristianos no tienen una meta mayor, una aspiración mayor que ser "normales". Sus deseos se limitan a estar a la altura de los demás. ¡Sin una visión verdadera de Dios, sin dudas pereceremos espiritualmente! Pablo reprendió a la iglesia de Corinto porque andaban "como hombres" (1 Corintios 3:3). Dios tiene más para nosotros que meramente convertirnos en gente mejor; Él quiere inundar nuestras vidas con el mismo poder que levantó a Cristo de los muertos. Tenemos que entenderlo: Dios no quiere que seamos simplemente "normales"; Él quiere que seamos como Cristo.

Para que el Espíritu Santo facilite los propósitos de Dios con nuestras vidas, Él tiene que redefinir tanto nuestra tesis de la realidad como nuestras prioridades en la vida. Ser como Cristo debe convertirse en nuestra única meta.

Sin embargo, para la mayoría de las personas nuestro sentido de realidad, y por tanto nuestra seguridad, a menudo está arraigado en lo familiar. Qué difícil es crecer espiritualmente si nuestra seguridad está basada en la estabilidad de las cosas externas. Nuestra seguridad debe venir de Dios, no de las circunstancias, ni siquiera de las relaciones. Nuestro sentido de realidad necesita estar arraigado en Cristo. Cuando lo está, las demás esferas de nuestras vidas experimentan seguridad eterna.

No obstante, nuestros temores tienen raíces profundas y son muchos. De hecho, la mayoría de nosotros pasamos por la vida atados, como por el cordón umbilical, a la protección de lo conocido. La experiencia nos dice que mucha gente buena se queda en iglesias sin vida solo porque desean la seguridad de los rostros conocidos más que la verdad de Cristo. Incluso las personas que han sido liberadas de situaciones adversas a menudo vuelven a meterse en dificultades. ¿Por qué? Porque están más familiarizados con la adversidad.

Considere que ciertos prisioneros son delincuentes reincidentes solo porque están más acostumbrados a la vida de la cárcel que a la libertad. ¿No es verdad, tristemente, que a menudo las jovencitas que han sido abusadas por sus padres tienen la tendencia involuntaria de buscar y casarse con hombres que al final abusarán de ellas como lo hicieron sus padres? Van a tientas por la vida en busca de lo conocido. Es significativo que a nivel mundial la mayoría de las personas viven a 50 millas (80 kilómetros) del lugar donde nacieron.

Los seres humanos se aíslan, se protegen de los cambios con lo conocido. Cuando trabajamos todo el día para luego regresar a casa, ver televisión y después dejarnos caer en la cama, nuestro estilo de vida se convierte en una cadena de esclavitud. No es tanto que estas cosas nos atrapen en el pecado sino que nos impiden llegar a Dios.

Moisés dejaba lo conocido y montaba su tienda "fuera del campamento" donde buscaría al Señor.

> Por lo cual también Jesús, para santificar al pueblo mediante su propia sangre, padeció fuera de la puerta. Salgamos, pues, a Él, fuera del campamento, llevando su vituperio; porque no tenemos aquí ciudad permanente, sino que buscamos la por venir.
>
> —Hebreos 13:12–14

De la misma manera que Moisés y aquellos que buscaban al Señor salían fuera del campamento, y que Jesús salió fuera del campamento, así nosotros debemos también en ocasiones dejar el campamento de lo que parece normal y predecible y comenzar a buscar a Dios. Aquí no tenemos una ciudad permanente sino que estamos buscando la ciudad que está por venir.

Esta es una razón por la que Jesús dijo: "Mas tú, cuando ores, entra en tu aposento, y cerrada la puerta, ora a tu Padre que está en secreto" (Mateo 6:6). Cristo desea que dejemos el mundo de nuestros sentidos, ese que es conocido y que distrae nuestra atención, y que habitemos en el mundo de nuestros corazones, que tengamos en mente que la meta suprema de nuestra oración es encontrar a Dios.

Cada minuto que usted busca a Dios es un minuto enriquecido con nueva vida y con el poder nuevo de nuestro Dios. Concédase a sí mismo un tiempo mínimo, una hora o dos cada día, pero no ponga un límite, ya que el Señor puede llevarle a buscarle hasta bien entrada la noche. Y siga haciéndolo día tras día, semana tras semana, hasta que haya llegado tan cerca de Dios que pueda escuchar su voz y tener la confianza de que Él está lo suficientemente cerca como para escucharle susurrar.

Si vamos a ser santos, debemos romper las cadenas y los frenos, el yugo de desear solamente una vida promedio. Escogeremos salir del campamento de lo conocido y montar nuestra tienda en la presencia de Dios.

Capítulo 4

DOS COSAS, SOLO DOS COSAS

Hay tantas cosas con las que ocupar nuestras mentes: tantos libros, tantos ejemplos, tantas buenas enseñanzas que meritan nuestra atención, que dicen: "He aquí una verdad". Pero a medida que he servido al Señor en estos últimos años Él me ha llevado a buscar dos cosas y solo dos cosas: conocer el corazón de Dios en Cristo y conocer mi propio corazón a la luz de Cristo.

Conocer el corazón de Dios

YO HE ESTADO buscando conocer a Dios, buscando conocerle y la profundidad de su amor hacia su pueblo. Quiero conocer el corazón de Cristo y la compasión que lo motiva. Las Escrituras son claras: Jesús amaba a la gente. El Evangelio de Marcos nos dice que después de que Jesús enseñaba y sanaba a las multitudes, estas tenían hambre. Con compasión, Cristo las veía "como ovejas que no tenían pastor" (Marcos 6:34). No era suficiente para Él sanarles y enseñarles;

Él se ocupaba de ellas personalmente. Su bienestar físico, incluso con relación a la comida, era importante para él.

Un muchacho con cinco panes y dos pescados le dio suficiente a Jesús para que hiciera otro milagro, pero este milagro tuvo que realizarse a través del cuerpo de Cristo, dispuesto pero muerto de cansancio. Analícelo: Cristo había llevado a sus discípulos a *descansar:* "Porque eran muchos los que iban y venían, de manera que ni aun tenían tiempo para comer" (v. 31).

Analice: Jesús personalmente había ido a orar y ser fortalecido porque Juan el Bautista, el precursor de Jesús, había sido decapitado esa semana a manos de Herodes. Fue en un estado de sentirse agotado emocional y físicamente que Jesús alimentó a las multitudes, no solo una o dos veces sino una y otra vez: "y partió los panes y los iba dando a los discípulos para que se los sirvieran" (v. 41, LBLA).

Miles de hombres, mujeres y niños, "comieron todos, y se saciaron" (v. 42). ¡Qué corazón el de Jesús! El milagro fue para ellos pero no leemos nada acerca de un milagro que lo sostuviera a Él, excepto la maravilla extraordinaria de un amor santo que continuamente alzaba sus manos cansadas con más pan y más pescado. De una debilidad cada vez mayor, él daba reiteradamente para que otros fueran renovados.

Así que, si mi búsqueda es conocerlo a Él, debo reconocer esto en cuanto a Él: Jesús ama a las personas, a todas las personas, especialmente a aquellas que la sociedad ignora. Por lo tanto debe saber exactamente cuán lejos viajaba Él por los hombres, porque esa es la misma distancia que él recorrería otra vez a través de mí. De hecho debo conocer sus pensamientos con respecto a la enfermedad, la pobreza y el sufrimiento humano. Como siervo suyo soy inútil para Él a menos que conozca estas cosas. Si en realidad voy a hacer su voluntad, debo conocer de veras su corazón. Por lo tanto, en todo mi estudio y tiempo de oración busco más que puro conocimiento, busco el corazón de Dios.

Conocer nuestros corazones

Al mismo tiempo, al acercarme más al corazón de Dios, el mismo fuego de su presencia comienza a purgar muy dentro de mí. En la inmensidad de sus riquezas, mi pobreza se manifiesta. El salmista escribió: "¿Quién subirá al monte de Jehová? ¿Y quién estará en su lugar santo? El limpio de manos y puro de corazón; El que no ha elevado su alma a cosas vanas, Ni jurado con engaño" (Salmo 24:3–4).

No podemos ni siquiera encontrar el monte del Señor, mucho menos subirlo, si hay engaño en nuestro corazón. ¿Cómo alguien puede servir en el lugar santo de Dios si su corazón es impuro? *Solo los puros de corazón perciben a Dios.* Ascender hacia Dios es entrar en un horno de verdad donde toda falsedad es sacada de nuestras almas. Para morar en el lugar santo debemos habitar en honestidad incluso cuando una mentira parezca salvarnos. Cada paso ascendente en el monte de Dios es un empujón a nuestras almas para que tengan más transparencia, una visión más perfecta de las motivaciones de nuestros corazones.

Es este llamado ascendente de Dios lo que buscamos. Sin embargo, el alma dentro de nosotros está escondida, agazapada por el temor y la oscuridad, viviendo en un mundo de mentiras y espejismos. Este es nuestro hombre interior, el alma que Dios busca salvar. ¿Ha descubierto usted a su verdadero yo, el ser interior a quien solo la verdad puede liberar? Sí, nosotros buscamos la santidad pero la verdadera santidad surge de aquí, llega cuando el Espíritu de Verdad descubre los lugares ocultos en nuestros corazones. De hecho es la *veracidad* lo que lleva a la *santidad*.

¡Dios, concédenos un celo por la verdad para que podamos estar en tu lugar santo!

Los hombres de todas partes suponen que conocen la "verdad", pero no tienen ni santidad ni poder en sus vidas. La verdad debe convertirse en algo más que una doctrina histórica; debe ser más que un museo de artefactos religiosos, recuerdos de cuando Dios una vez se movió. La verdad es conocer el corazón de Dios según este se reveló en Cristo y es conocer nuestros propios corazones a la luz de la gracia de Dios.

Como miembros de la raza humana estamos vestidos de ignorancia. A penas conocemos el mundo que nos rodea, menos todavía la naturaleza de nuestras propias almas. Sin darnos cuenta, al buscar el corazón de Dios, también estamos buscando el nuestro. La verdad es que solo al encontrarlo a Él nos descubrimos a nosotros mismos por lo que somos "en Él".

No obstante, a lo largo del proceso de búsqueda, al colocar mi corazón delante del Señor, es con una sensación de temblor que hago la oración del rey David: "Examíname, oh Dios, y conoce mi corazón; Pruébame y conoce mis pensamientos; Y ve si hay en mí camino de perversidad, Y guíame en el camino eterno" (Salmo 139:23–24).

Vamos a quitarle el maquillaje a nuestras almas y examinemos el estado de nuestro corazón sin adornos. Sé que Dios nos ha creado eternamente completos y perfectos en Cristo. Yo lo creo. Pero en los primeros tres capítulos del Apocalipsis de Juan, Jesús no les dijo a las iglesias "que para Él eran perfectas". ¡No! Él les reveló su verdadera condición; les nombró sus pecados. Sin hacer concesiones Él les exigió que fueran vencedoras, a cada una según su situación particular y difícil.

Al igual que ellas, nosotros debemos conocer nuestra necesidad. Y como ellas, las almas que queremos salvar moran aquí, en un sistema mundial estructurado con mentiras, espejismos y una corrupción desenfrenada. Nuestras viejas naturalezas son como zapatos muy usados que nos ponemos para estar cómodos, podemos estar de inmediato en la carne sin siquiera darnos cuenta. ¡Los enemigos que nos derrotan están escondidos y latentes en nosotros! *Por lo tanto, el Espíritu Santo debe poner al descubierto a nuestros adversarios para que podamos conquistarlos.*

El profeta Jeremías escribió con relación a la naturaleza del hombre: "Engañoso es el corazón más que todas las cosas, y perverso; ¿quién lo conocerá?" (Jeremías 17:9). Un clamor similar se escucha al citar otra de las oraciones de David: "¿Quién podrá entender sus propios errores? Líbrame de los que me son ocultos. Preserva también a tu siervo de las soberbias; Que no se enseñoreen de mí; Entonces seré íntegro, y estaré limpio de gran rebelión" (Salmo 19:12–13).

Puede haber errores en nosotros que en realidad nos gobiernan sin nosotros saberlo. ¿Nos percatamos, por ejemplo, de cuántas de nuestras acciones son manejadas meramente por la vanidad y el deseo de ser vistos o aceptados por otros? ¿Estamos conscientes de los temores y aprensiones que inconscientemente influyen en tantas de nuestras decisiones? Puede que tengamos faltas graves en nuestro interior y no obstante ser o demasiado orgullosos o inseguros como para reconocer que necesitamos ayuda.

Con respecto a nosotros mismos ¡tenemos un criterio tan elevado de lo que conocemos tan poco!

Incluso en lo exterior, aunque conocemos nuestra mejor pose para la cámara, ¿sabemos cómo lucimos cuando estamos riendo o llorando, comiendo o durmiendo, hablando o cuando estamos enojados? El hecho es que la mayoría de nosotros ignora cómo otros nos ven por fuera, ¡mucho menos nos conocemos por dentro delante de Dios! Nuestra forma de pensar caída justifica automáticamente nuestras acciones y racionaliza nuestros pensamientos. Sin el Espíritu Santo prácticamente estamos indefensos contra nuestras tendencias innatas al autoengaño.

Por lo tanto, si vamos a ser santos, primero tenemos que renunciar a la falsedad. A la luz de la gracia de Dios, al ser justificados por la fe y lavados en la sangre expiatoria de

21

Jesús, no necesitamos fingir que somos justos. *Solo tenemos que ser veraces.*

No hay condenación para el corazón honesto, ni castigo. Solo tenemos que arrepentirnos y confesar nuestros pecados para que estos sean perdonados y limpiados, si amamos la verdad, seremos librados del pecado y del autoengaño. De hecho necesitamos conocer dos cosas y solo dos cosas: el corazón de Dios en Cristo y nuestros corazones bajo la luz de Cristo.

SEGUNDA PARTE

EL ESPÍRITU DE GRACIA

CB

Estamos buscando un nivel de santidad que traiga la gloria de Dios a nuestras vidas. Para llegar a nuestra meta debemos no solo entender esta verdad sino que también debemos entender los medios para lograrla. El medio para llegar a la santidad es la gracia. Como dijera Jonathan Edwards, el evangelista del siglo dieciocho: "La gracia no es más que la gloria comenzada, y la gloria no es más que la gracia perfeccionada".

Capítulo 5

CUANDO CRISTO SE REVELA

Si usted escucha una enseñanza y siente que no puede alcanzarla en su condición, solo escuchó la mitad del mensaje. Se perdió la gracia que siempre está presente en el corazón de la verdad de Dios. La verdad sin gracia solo es una media verdad. Recuerde esto siempre: la gracia y la verdad vinieron por medio de Jesucristo (Juan 1:17). Lo que exija la verdad de Dios será provisto por su gracia.

El proceso en el que el conocimiento se convierte en experiencia

"VIENDO ESTO SIMÓN Pedro, cayó de rodillas ante Jesús, diciendo: Apártate de mí, Señor, porque soy hombre pecador" (Lucas 5:8). Por mucho que digamos a otros que deseamos una comunión íntima con Jesús, la mayoría de nosotros pudiera añadir en secreto: "Pero no demasiado íntima, no tan a menudo". Cuando el Cristo vivo se acerca a nuestras vidas es común que los hombres se sientan

24

abrumados por su pecado. A la luz de la pureza de Él hay algo en cada uno de nosotros que clama como Pedro: "Apártate de mí, Señor, porque soy hombre pecador".

Al mismo tiempo, a pesar de estar abrumados por nuestra pecaminosidad, ¡la perversidad de nuestra naturaleza pecadora se exalta a sí misma con nuestro conocimiento (1 Corintios 8:1; 2 Corintios 12:7)! Apenas hemos vislumbrado la verdad y ya estamos alardeando antes otros de lo que sabemos ahora, como si conocer una verdad fuera lo mismo que vivirla. Cuando hablamos de santidad ambas reacciones son comunes.

Pero el Espíritu Santo no revela a Cristo ni para abrumaros ni para inflar nuestros egos. El propósito final de la mayoría de las revelaciones es aquello que vemos, lo en lo que debemos convertirnos. Pues al ver la gloria del Señor, esta se refleja en nuestros corazones y, como dijera Pablo, somos "transformados de gloria en gloria en la misma imagen" (2 Corintios 3:18).

El propio Cristo es nuestra tierra prometida

A medida que usted madure en el Señor, llegará un momento en que Cristo comenzará a revelársele como es (Juan 14:21). Tales encuentros con el Dios viviente a menudo son alarmantes y llenos de temor. No se deje confundir por las mal llamadas experiencias religiosas que el hombre publica, donde las flores y los ángeles en forma de bebé revelan a un dócil pastor del cielo. *¡Estamos buscando al Dios de las*

Escrituras! Todo hombre que realmente conoció al Señor Jesucristo quedó lleno de temor y gran temblor. En ningún lugar de la Biblia vemos a alguien que no quedara como "hombre muerto" ante el Señor glorificado (Job 42; Isaías 6; Ezequiel 1; Apocalipsis 1). Cuando hablamos de un encuentro con Cristo, estamos hablando de algo que nos sobrecoge.

No obstante, es precisamente para este encuentro con Jesús que el Espíritu nos prepara. A pesar de nuestras debilidades y pecados, Dios ha puesto delante de nosotros una oportunidad para habitar con Él en su plenitud. Es con este fin que la gracia de Dios trabaja en nuestras vidas.

Entendamos que lo que la Tierra Prometida era para los israelitas, lo son Jesucristo y el Reino de Dios para nosotros. Los judíos fueron llamados no solo a saber acerca de la Tierra Prometida sino también a morar en ella y convertirla en su hogar. *De igual manera nosotros somos llamados a habitar en Cristo, donde Dios en su Reino se convierte en nuestro hogar.*

Los hebreos tenían una esperanza que los sustentaba durante su travesía por el desierto, sin embargo, la promesa de Dios, en sí misma, no les permitió poseer su herencia. Toda una generación vio a sus padres morir porque se quejaron y murmuraron en contra del Señor. Solo aquellos que aprendieron la obediencia a los mandatos De Dios *entraron* y poseyeron su herencia. De la misma manera, hasta que realmente poseamos a Jesucristo, al habitar donde Él habita y ser instruidos en los caminos de su reino, nuestro cristianismo a menudo es una experiencia de dificultades y frustración.

Y en este tiempo de preparación, aunque muchos son llamados, solo pocos son escogidos.

¿Por qué son tan pocos los que entran? Porque el éxodo de la mente al corazón requiere que seamos honestos con nosotros mismos. Debemos enfrentar y conquistar a los gigantes del pecado, la condenación y la ignorancia. Y al igual que sucede con cualquier viaje a una tierra distante, el precio de viajar realmente a ese país, para probar su agua y respirar su aire, es mucho mayor que el precio de simplemente leer sobre el mismo en un libro. Además debemos comprender que la voz de la mayoría, que le teme tanto a la batalla como al precio, será una voz de *desánimo* para cualquiera que se tome en serio el cumplimiento de las promesas de Dios. Por lo tanto, debemos escuchar atentamente la advertencia de Jesús: " porque estrecha es la puerta, y angosto el camino que lleva a la vida, y pocos son los que la hallan" (Mateo 7:14).

La revelación del Reino

Cuando el Reino de Dios se abre ante nuestras almas, siempre parece más de lo que podemos soportar y fuera del alcance de nuestros medios para llegar hasta él. Esa es la verdad según nuestra percepción.

Pero la verdad no está sola en el Reino de Dios. La altura de la verdad de Dios se equilibra con la profundidad de su gracia. Como está escrito: " pero la gracia y la verdad vinieron por medio de Jesucristo" (Juan 1:17). Aunque el propósito del

Espíritu Santo es "[guiarnos] a toda la verdad" (Juan 16:13), es su gracia la que sostiene nuestros pasos.

Dios se revela a sí mismo de manera progresiva. Cuando recibimos la salvación, "vemos" el reino desde la distancia. Sabemos que iremos al cielo cuando muramos. Sin embargo, Jesús le dijo a Nicodemo que él no solo "[vería] el reino de Dios" sino que además, aquellos que nacen del agua y del Espíritu "entrarían en el reino de Dios" (Juan 3:3–5). Nuestra salvación comienza con *ver* el reino y se expande a *entrar* en el mismo.

Por lo tanto, poseer el reino requiere actitudes que son poco comunes para la mayoría de los cristianos. No debemos permitirnos la falsa comodidad que viene con cada capa nueva de información religiosa. Comprendamos que la revelación de Cristo, una vez vista, es la puerta abierta por la que Dios nos llama a entrar.

Pero abramos nuestros ojos a la norma de la verdad que se alza ante nosotros. Los griegos antiguos no tenían palabra para "realidad". Para ellos "verdad" y "realidad", en esencia, eran lo mismo. De hecho, el propósito del Espíritu Santo es llevarnos a "la plenitud", es decir, la plenitud de la realidad de Dios (ver Efesios 3:19).

¡Pero la realidad de Dios es asombrosa! Pedro no sucumbió bajo el poder condenador del "conocimiento religioso", *¡él se encontró con la realidad de Jesucristo!* En el camino a Damasco Pablo no quedó ciego y devastado por una "nueva doctrina", *¡él se encontró con la realidad de Jesucristo!* Cuando Juan contempló a nuestro Señor glorificado en

Patmos, no fue una nueva "percepción espiritual" lo que lo dejó como muerto, *¡él contempló a Jesucristo!*

Estamos buscando al Dios viviente que prometió: "y me buscaréis y me hallaréis, porque me buscaréis de todo vuestro corazón" (Jeremías 29:13). Es en esta revelación explosiva de lo eterno que lo que es temporal dentro de nosotros por fin comienza a creer de verdad. Es para esta confrontación con el propio Cristo que necesitamos comprender la gracia de Dios.

Los medios para el fin: la gracia

La revelación de Cristo es el medio de Dios para transferirnos la verdadera sustancia espiritual, la propia naturaleza de Cristo. Cada vez que el Señor se revela suceden dos cosas: vemos la verdad (la realidad y pureza de Dios) de una manera más completa de lo que soñamos que fuera posible, y vemos nuestra necesidad de gracia más cierta que antes.

Con esto en mente volvamos a examinar la declaración de Pedro con relación a la segunda venida de Cristo y la aplicación inmediata que esto tiene en nuestras vidas. Él escribió: "Por tanto y esperad por completo en la *gracia* que se os traerá cuando Jesucristo sea manifestado" (1 Pedro. 1:13, cursivas del autor).

Nuestras mentes deben estar centradas en la gracia; de lo contrario, siempre estaremos abrumados y alejados de la presencia de Dios. Es normal que nuestras almas tiemblen ante su cercanía pero es entonces cuando debemos recordar la gran misericordia de Dios y su fidelidad para con nosotros, no sea que nos acobardemos ante Él cuando nos ordene que debemos acercarnos.

En todas las cosas pongamos nuestra esperanza en la gracia de Dios. Al estar parados en el resplandor de su gloria recordemos que la naturaleza de Dios es amor. Regocijémonos en que le *pertenecemos* a Jesús. Él nos recibe personalmente, no como seres perfectos sino como aquellos a quienes Él busca para liberar. Desde su punto de vista *¡nosotros somos su tierra prometida!* Nuestras iniquidades, que nos han humillado, no lo "humillan" a Él. Nuestros pecados son los gigantes que Él ha venido a derrotar y así nos permite convertirnos en un lugar de reposo para Él, su herencia en el hombre.

Dios mismo nos ha entregado como un regalo de amor para su Hijo. La obra de Dios es limpiarnos, la nuestra es ceder a dicha limpieza y mantener la fe en su capacidad de hacerlo. Quédese tranquilo, usted ha sido capturado por Su amor. Debido a Su amor, usted puede ser honesto con respecto a su debilidad, enfrentar sus temores y traer sus pecados delante del trono de la gran gracia de Dios. En lugar de represión, usted encontrará la mano del perdón de Dios extendida hacia usted.

Si alguna vez vamos a alcanzar el propósito supremo de Dios para nuestras vidas, que es la revelación de Cristo en gloria, tendremos que lograrlo mediante cada etapa sucesiva de revelación, cada descubrimiento de su vida para nosotros y de nuestras vidas para Él. Veremos la verdad de Cristo y la mentira de nuestro viejo ser y, en lugar de quedar abrumados, permaneceremos con fe al saber que la gracia de Dios está sobre nosotros. En lugar de temblar y alejarnos cuando Cristo aparezca, sabremos por experiencia centrar nuestras mentes en la gracia que acompaña a su revelación. Habremos aprendido el secreto de que lo que la verdad de Dios exige será suplido por su gracia.

Capítulo 6

"Nunca más recordaré sus pecados"

La santidad solo se alcanza mediante una experiencia reveladora de la gracia de Dios.

Eliminar las barreras causadas por el pecado

¿Alguna vez usted ha tenido un amigo íntimo pero le ha criticado al conversar con otra persona? La próxima vez que estuvieron juntos, ¿notó algo casi artificial en su relación? Usted no fue tan abierto ni sincero con él. Debido a su pecado, había una distancia pequeña pero mensurable entre ambos. Aunque usted puede haber sentido vergüenza de lo que hizo, si no se arrepintió, comenzó a evitar a la persona que hirió, si no a nivel social, al menos en sus ojos y en su corazón.

Tal vez antes compartieron un mundo juntos, pero ahora la compenetración de las personalidades, el sentido de sentirse "como en casa" cada uno en el alma del otro, ya se ha ido. A menos que haya arrepentimiento, es probable que la distancia entre ambos se extienda al punto que la relación se termina. Aunque tal vez ninguno de los dos comprenda por qué se alejaron, el amor que usted tenía murió porque usted pecó y no se arrepintió.

De la misma manera que las relaciones humanas se sostienen con apertura y honestidad, así pasa en nuestra relación con Dios. Cuando pecamos contra Él, inconscientemente levantamos una barrera entre el cielo y nosotros. Quizá todavía vayamos a la iglesia pero en nuestros corazones surge una sensación de distancia y artificialidad.

Cada una de esas defensas que hemos levantado para dejar a Dios afuera, al final nos encierran a nosotros, nos encarcelan espiritualmente en nuestros pecados. Estas barreras degeneran en fortalezas de opresión demoníaca. Al final nuestras murallas para con Dios nos encierran fuera de la presencia divina, atrapan nuestra alma en una oscuridad exterior. Es posible que nuestras murallas para con Dios sean del mismo material del que está hecho el infierno.

Sin embargo, el amor de Dios es tal que nos ama lo suficiente como para liberarnos no solo de nuestros pecados sino también de los *efectos negativos* que nuestro pecado ha tenido en nuestra relación con Él. Felizmente él promete: "Y nunca más me acordaré de sus pecados y transgresiones" (Hebreos 10:17). Cada vez que pedimos perdón, nuestra relación con Él se hace libre y nueva otra vez.

En un acto arrollador de perdón, tan completo que el promete ni siquiera *recordar* lo que hicimos mal, Dios ha provisto el pago eterno por cada pecado que nosotros le pidamos con arrepentimiento que Él perdone. Él nos ama tanto que, aunque sigue perfeccionando las actitudes de nuestro corazón, también nos proporciona un medio para que nuestra relación con Él se mantenga genuina y sin barreras.

Jesús pagó el precio

"En quien tenemos redención por su sangre, el perdón de pecados según las riquezas de su gracia, que hizo sobreabundar para con nosotros en toda sabiduría e inteligencia" (Efesios 1:7–8). ¿Qué es redención? Redención es el "pago de una deuda u obligación". Había auto judiciales, decretos, en contra nuestra. Todos tenemos deudas con Dios pero Jesús, mediante su muerte en la cruz, satisfizo el acto de decretos que había en contra nuestra.

> Y a vosotros, estando muertos en pecados os dio vida juntamente con Él, *perdonándoos* todos los pecados, *anulando* el acta de los decretos que había contra nosotros, que nos era contraria, *quitándola de en medio* y clavándola en la cruz.
>
> —Colosenses 2:13–14, cursivas del autor

En el momento en que usted aceptó a Jesús en su corazón, todas las cosas que usted haya hecho mal: todo pensamiento malo, toda palabra airada y toda obra malvada que merecía castigo, recibieron un sello de Redimido: Cancelado por parte de nuestro Padre en el cielo. Jesús pagó por todos ellos con su sangre. Él es nuestro *Redentor*. Él pagó el precio no solo de los pecados que cometimos antes sino de cada pecado por el que ahora, de manera sincera, le pidamos perdón. Todos nuestros pecados han sido perdonaos y olvidados para siempre.

Hebreos 10:14 nos dice: "porque con una sola ofrenda hizo perfectos para siempre a los santificados". Y nuevamente leemos en Colosenses:

> Por cuanto agradó al Padre que en Él habitase toda plenitud, y por medio de Él reconciliar consigo todas las cosas, así las que están en la tierra como las que están en los cielos, haciendo la paz mediante la sangre de su cruz. Y a vosotros también, que erais en otro tiempo extraños y enemigos en vuestra mente, haciendo malas obras, ahora os ha reconciliado en su cuerpo de carne, por medio de la muerte, para presentaros santos y sin mancha e irreprensibles delante de Él.
>
> —COLOSENSES 1:19–22

En lo que respecta al problema del pecado, debemos comprender la obra terminada de Cristo. "Justificados, pues, por la fe, tenemos paz para con Dios por medio de nuestro Señor Jesucristo" (Romanos 5:1). Desde la perspectiva eterna de Dios, somos libres del pecado. Es aquí, en el reino del tiempo, y específicamente en nuestras mentes, donde el pecado todavía tiene un asidero temporal. Sin embargo, Dios, en su gran amor, está quitando incluso las barreras que nuestros pecados han creado entre Él y nosotros.

Es importante declarar aquí que Dios no ha disminuido

SANTIDAD, VERDAD Y LA PRESENCIA DE DIOS

su estándar de santidad. Sin embargo, Él sabe que nunca seremos santos si tenemos miedo de acercarnos a Él, ¡porque sólo Él es santo! Por lo tanto, Él nos ha perdonado *y* reconciliado consigo mismo a través de Jesús. El sacrificio de la sangre de Cristo satisfizo las deudas de toda alma que, mediante el arrepentimiento y la fe en Jesús, busca sinceramente tener comunión con Dios.

"No me acuerdo"

¡Cuán poco entendemos de la redención eterna! ¿Cuántas veces Dios le perdonará? Si usted realmente ha dispuesto su corazón a seguirle, Él cancelará sus pecados siempre que usted se lo pida. ¿Le perdonará el peor pecado que se le pueda ocurrir? ¡Sí! Usted tendrá que vivir con las consecuencias de sus faltas, pero el poder redentor de Dios es tal que, incluso en su pecado, hay muchas cosas de valor que se pueden reclamar. En cuanto al pecado en sí, si usted se arrepiente profunda y sinceramente, Dios no solo le perdonará sino que lo borrará de su memoria.

Déjeme contarle una experiencia. Cierto hombre de Dios tenía el don de poder profetizar sobre las vidas de las personas. En un servicio nocturno él ministró a un pastor presbiteriano y su esposa. Mediante el don del Espíritu él reveló el pasado de la pareja, descubrió su situación actual y luego les anunció lo que vendría. Esta obra de Dios impresionó mucho a la pareja, y según las profecías se cumplieron, un mes después el ministro presbiteriano trajo a otros dos pastores, cada uno con sus esposas a otro servicio de ministerio personal.

La palabra de conocimiento fue excepcionalmente cierta esa noche y el segundo pastor y su esposa se maravillaron de la exactitud y verdad de la palabra profética. La tercera pareja dio un paso al frente para la ministración y otra vez la palabra de conocimiento estuvo presente. El profeta habló al esposo, reveló su pasado y profetizó sobre su futuro. El hombre de Dios se volvió a la esposa de este tercer ministro. Empezó a hablar de su pasado y de repente se detuvo: "Hubo un pecado muy grave en su pasado". La mujer, muy asustada, se puso pálida y cerró los ojos. La congregación hizo silencio y estaba tensa.

El profeta continuó. "Y le preguntó al Señor: '¿Cuál fue ese pecado que ella cometió?' Y el Señor respondió: *'¡No me acuerdo!'*."

El Señor había sido fiel a su promesa: " y no me acordaré de tus pecados" (Isaías 43:25). Aunque en muchas ocasiones la esposa de este ministro había pedido a Dios que la limpiara, ella todavía no podía creer en la profundidad del perdón de Dios. Cristo había echado su pecado en el mar del olvido. Él lo quitó como "está lejos el oriente del occidente" (Salmo 103:12). Su pecado había sido pagado y quitado de todas partes, excepto de la prisión de su propia mente. Y ahora, en su gran misericordia, ¡Él lo quitaba de allí también!

Cuántas cargas llevamos, cuántas culpas y limitaciones nos rodean porque no aceptamos el perdón absoluto y perfecto de Dios. En Isaías leemos: "Yo, yo soy el que borro tus rebeliones por amor de mí mismo, y no me acordaré de tus pecados" (Isaías 43:25).

Cuán grande es el Dios a quien servimos. Qué maravilloso es su amor para con nosotros. ¡Él es nuestro Redentor, nuestro Salvador! Si usted está dispuesto a perdonar a otros y lo hace, pero le pide a Él que le perdone, Él perdonará sus deudas tan a menudo como usted se vuelva a Él arrepentido. Él promete que no recordará más sus pecados. Él, que nos llama a su perfección, también ha provisto de manera perfecta para que nos acerquemos a Él. La santidad es una relación reveladora con la gracia de Dios.

Capítulo 7

ACERCARSE AL DIOS SANTO

El Señor no dejó de ser santo cuando empezó el Nuevo Testamento; su naturaleza no cambió. Cuando Jesús enseñó a sus discípulos a orar, comenzó con "Santificado sea tu nombre". Si realmente vamos a conocerlo como Él es, necesitamos un temor del Señor como el del Antiguo Testamento combinado con la experiencia de la gracia del Nuevo Testamento.

Comprender la santidad de Dios

Cuando Salomón acabó de orar, descendió fuego de los cielos, y consumió el holocausto y las víctimas; y la gloria de Jehová llenó la casa. Y no podían entrar los sacerdotes en la casa de Jehová, porque la gloria de Jehová había llenado la casa de Jehová. Cuando vieron todos los hijos de Israel descender el fuego y la gloria de Jehová sobre la casa, se postraron sobre sus rostros en el pavimento y adoraron, y alabaron a Jehová, diciendo: Porque Él es bueno, y su misericordia es para siempre.

—2 CRÓNICAS 7:1–3

¡Qué suceso tan incomparable en la historia del hombre! Después de que Salomón dedicara el templo, la gloria del Señor descendió y llenó Su casa. ¿Qué era esta gloria? Era la luz, la explosión en el mundo del hombre de la santidad radiante del Dios eterno. Significaba que la persona real de Dios se había acercado. Tan maravillosa fue esta aparición de la gloria que los sacerdotes no pudieron entrar al templo. Después de que el fuego cayó y la gloria del Señor llenó el templo leemos: "Entonces el rey y todo el pueblo sacrificaron víctimas delante de Jehová. Y ofreció el rey Salomón en sacrificio veintidós mil bueyes, y ciento veinte mil ovejas; y así dedicaron la casa de Dios el rey y todo el pueblo" (2 Crónicas 7:4–5).

Analice esto: el rey ofreció *22,000* bueyes, y *120,000* ovejas. Ellos no estaban sirviendo a un Dios invisible por fe, ¡estaban en la presencia manifiesta del propio Creador! Salomón podría haber ofrecido un millón de bueyes, ¡y no obstante no hubiera cumplido con las exigencias de sus ojos al contemplar la gloria de Dios! *Es solo nuestra ignorancia abismal de quién es el Señor lo que pone un límite al sacrificio que le ofrecemos a Él.*

Como revela la ofrenda de Salomón, mientras más vemos a Dios como es, más impulsados nos vemos a darle nuestro todo. No obstante, aquí radica un dilema que todo cristiano de la época actual debe enfrentar: aunque la mayoría conoce de Dios a nivel intelectual, muy pocos lo conocen en su gloria. Nuestras iglesias tienden a ser santuarios de formalidad, no de la divina presencia.

Si somos parte de ese sector del cristianismo que

ha rechazado el ritualismo, en su lugar sencillamente ofrecemos diversos grados de informalidad. Pero, ¿dónde está Dios? ¿Dónde está su poder creativo e ilimitado en nuestras reuniones? ¿Cuándo fue la última vez que nuestros pastores no pudieron pararse a ministrar porque la gloria de Dios los abrumaba? Tal fue la revelación de Dios en el Antiguo Testamento.

El pueblo hebreo sabía que Dios era santo, eso fue tanto su virtud como su problema, porque Él era *demasiado* santo para que ellos, como personas pecadoras, pudieran enfrentarlo. Le servían sin relacionarse con Él en amor. Para la gran mayoría de los judíos, sus ofrendas no nacían de un ansia de buscar la presencia de Dios sino más bien de un esfuerzo por satisfacer la justicia inalterable de Dios (Hebreos 2:1–2).

El hombre común nunca se acercaba a Dios mismo sino que traía sus ofrendas a los sacerdotes. Los sacerdotes, por su parte, tenían una multitud de regulaciones y preparativos con los que había que cumplir antes de que ellos mismos pudieran acercarse a Dios. Había sacrificios diarios, semanales y anuales, ofrendas por el pecado y sacrificios de alabanza por las cosechas, así como ofrendas asignadas por la salud restaurada. Cualquiera que fuera la necesidad, cuando los sacerdotes se acercaban al Todopoderoso no podían hacerlo sin el derramamiento de la sangre o la ofrenda del grano. Tenían que lavarse, ofrecer incienso, recitar ciertas oraciones, y todo eso tenía que realizarse con detalles precisos y cumpliendo de manera exacta con los requisitos de la ley ceremonial.

Para ilustrar más la percepción de Dios en el Antiguo

Testamento, se nos dice en Levítico que los hijos de Aarón, el sacerdote, trajeron una "ofrenda extraña" al Señor. Cuando lo hicieron "salió fuego de delante de Jehová y los quemó, y murieron delante de Jehová". Para consolar a Aarón, Moisés dijo: "Esto es lo que habló Jehová, diciendo: En los que a mí se acercan me santificaré, y en presencia de todo el pueblo seré glorificado". Y la Escritura dice: "Y Aarón calló" (Levítico 10:2-3). En la mente de Aarón, ¡la santidad de Dios justificaba la muerte instantánea de sus hijos profanos!

Al final, la relación entre Dios y los hebreos no era de comunión, era prácticamente una cuestión de rituales adecuados y obediencia a la ley. Aparte de los profetas y unos pocos reyes, muy pocos vivieron acorde a las normas de Dios.

Como cristianos, mediante la sangre de Jesús, Dios ha abierto el camino para que entremos en el lugar santo de su presencia (Hebreos 10:19-22). Sin embargo, para los hebreos, solo el sumo sacerdote entraba al lugar santo y eso solo una vez al año el Día de la expiación. Antes de entrar, se ataba una cuerda a su pierna y se cosían campanitas a su ropa. De esa manera, en caso de que muriera repentinamente o se cayera al estar en el Lugar Santísimo, las campanas acalladas avisarían a sus compañeros sacerdotes y les permitirían sacarlo del lugar sagrado sin quebrantar la ley.

Lo que percibimos en el cuidado del sumo sacerdote caracteriza la actitud de los judíos del Antiguo Testamento: nadie se atrevía a acercarse a la presencia santa y viva de Dios sin cumplir de manera perfecta con la ley. Con el tiempo los judíos dejaron de escribir y pronunciar el nombre sagrado de

Dios. Incluso su nombre era demasiado santo como para ser pronunciado en este mundo.

Comprender la gracia de Dios

Este mismo sentido de la santidad de Dios es una de las razones fundamentales por las que la iglesia del primer siglo en Jerusalén era tan poderosa. Como judíos ellos conocían la santidad de la ley de Dios. Pero como cristianos, tenían el conocimiento de su gracia, conocían personalmente al Cordero, al sacrificio perfecto, quien había venido y había cumplido con los requisitos de la ley. Dios, aquel a quien los judíos adoraban, ¡había adoptado forma humana y se dio *a sí mismo* por el pecado!

Muchos cristianos del mundo entero celebran el perdón de los pecados en Cristo pero su experiencia con Dios acaba ahí. Los judíos, quienes históricamente conocieron la temible justicia de Dios, seguían viviendo fuera de la presencia divina porque no comprendían el perdón de los pecados en Cristo. *Pero es la unión de ambas verdades lo que produce poder en nuestras vidas y nos lleva a la realidad de Dios.*

Abraham estaba a punto de sacrificarle a Dios a su amado hijo, Isaac. (Recuerde, todo el que ha visto a Dios como es está dispuesto a darlo todo.) Mientras subían la montaña, Abraham habló proféticamente. Él dijo: "Dios se proveerá de cordero para el holocausto" (Génesis 22:8). Aunque debemos estar dispuestos a dar a Dios todo de nosotros, debemos recordar que aún nuestro todo no es suficiente. Dios ha provisto a su propio hijo, el Cordero perfecto, como acceso a sí mismo.

Existen muchas ocasiones en las que nos sentimos indignos, cuando buscamos escapar de la persona de Dios. En estas ocasiones a quien menos queremos enfrentar es a Dios en su santidad. Pero en medio de nuestra indignidad, clamemos al Señor. Podemos escapar *a* Dios para encontrar perdón.

Cuando Juan el Bautista miró a Jesús les dijo a sus discípulos: "¡He aquí el Cordero de Dios, que quita el pecado del mundo!" (Juan 1:29). El Cordero de Dios ha quitado no solo los pecados del mundo sino también *sus* pecados. El sacrificio de Cristo es mucho más que todos los toros y ovejas que se hayan ofrecido a lo largo de todos los tiempos; Él satisface de manera perfecta lo que exige la justicia santa de Dios. Y aunque el sumo sacerdote se acercaba con temor y temblor, nosotros podemos acercarnos con confianza mediante la sangre de Cristo, ¡tan grande y completo es el sacrificio que Dios ha provisto (Hebreos 4:16)!

La justicia de la ley de Dios es santa, pero el sacrificio del Hijo de Dios es todavía más santo, porque "la misericordia triunfa sobre el juicio". (Santiago 2:13). El Señor que llenó el templo de Salomón con su presencia llenará, y está llenando, a su pueblo hoy. Tenemos el sacrificio inagotable del propio Cristo sentado en el trono de la gracia, es Él quien nos llama a venir valientemente ante Él. Por tanto, entremos a su gloria mediante la sangre del Cordero. Deje que Jesús lave su corazón de sus pecados, ¡porque nuestra meta es vivir en la presencia del mismo Dios santo que apareció en su gloria a los hebreos!

TERCERA PARTE

EL PODER DE DIOS EN UNA VIDA SANTA

ᘐ

Hay poder en la santidad. Jesús era santo y era poderoso. Pablo fue santo y fue poderoso. Pedro y Juan fueron santos, y fueron poderosos. Tenga cuidado con aquellos que tienen una especie de santidad pero niegan el poder de la misma. Una vida santa es una vida poderosa.

Capítulo 8

La santidad antecede al poder

Muchos cristianos buscan atajos para el poder de Dios. Probar los atajos, en el mejor de los casos, es frustrarse; en el peor, se trata de un falso profeta o maestro. Escuche atentamente, en Dios existe un poder tremendo para nosotros pero no sin santidad. La santidad antecede al poder.

Cuando Juan vio a Jesús

Entonces Jesús vino de Galilea a Juan al Jordán, para ser bautizado por él. Mas Juan se le oponía, diciendo: Yo necesito ser bautizado por ti, ¿y tú vienes a mí? Pero Jesús le respondió: Deja ahora, porque así conviene que cumplamos toda justicia. Entonces le dejó. Y Jesús, después que fue bautizado, subió luego del agua; y he aquí los cielos le fueron abiertos, y vio al Espíritu de Dios que descendía como paloma, y venía sobre Él. Y hubo una voz de los cielos, que decía: Este es mi Hijo amado, en quien tengo complacencia.

—Mateo 3:13–17

COMPRENDAMOS A ESTE profeta, Juan el Bautista. Según las Escrituras, Juan fue lleno del Espíritu Santo "aun desde el vientre de su madre" (Lucas 1:15). También se nos dice que su venida fue en el espíritu y poder de Elías. Los historiadores nos cuentan que el ministerio penetrante e intransigente de Juan llevó a casi un millón de personas al arrepentimiento. Grandes multitudes salían de sus ciudades y pueblos e iban al desierto para escuchar al profeta y ser bautizados en arrepentimiento como preparación para el Reino de Dios.

Solo Jesús comprendía la condición caída del corazón humano de una manera más perfecta que Juan. Ninguna clase de personas se escapaba del juicio de Juan: soldados, pecadores y líderes religiosos por igual fueron llevados al "valle de la decisión". El bautismo de Juan era más que una simple inmersión en agua. Él requería una confesión pública de pecados así como manifestar la justicia (Mateo 3:6, 8).

Jesús testificó que Juan era "más que un profeta". Él dijo que, de los nacidos de mujer "no se ha levantado otro mayor que Juan" (Mateo 11:9–11). Juan era un "profeta vidente" lo que significaba que tenía visión abierta en el reino espiritual. Él testificó: "*Vi* al Espíritu que descendía del cielo como paloma" (Juan 1:32). Él *vio* "la ira venidera" (Mateo 3:7). Él fue *testigo* del "reino de los cielos" (v. 2). Juan comprendía los secretos de los corazones de los hombres. Su visión penetraba el enchapado de los muy respetados fariseos; en sus almas Él vio una "generación de víboras" (v. 7). Entienda esto con relación a los profetas: ellos están conscientes de cosas que están escondidas para otros hombres.

Pero cuando Jesús vino para ser bautizado, *antes* de que el cielo se abriera y el Espíritu Santo descendiera, Juan vio algo que resultó abrumador incluso para su patrón d de justicia. Él miró al corazón de Jesús y *no vio pecado, ni mentiras, ni lujurias.* Juan vio un nivel de santidad que, sin saber que estaba contemplando al Mesías, le hizo decir con asombro: "Yo necesito ser bautizado por ti" (v. 14).*

Jesús, como el "Cordero de Dios" (Juan 1:36), no tenía mancha ni defecto. Esto es exactamente lo que el profeta contempló en Jesús: *la pureza inmaculada de corazón.* ¡La virtud de Cristo dejó a Juan sin aliento! La emanación poderosa de la pureza interior de Cristo hizo que Juan estuviera consciente inmediatamente de su propia necesidad. Cuando Juan vio a Jesús descubrió un nivel de justicia que era superior y más puro que el suyo. Este gran profeta miró al corazón de Jesús y ante el brillo de la santidad de Jesús proclamó: "Yo necesito".

Y lo mismo sucede con nosotros. Cada vez que vemos a Jesús, cada revelación sucesiva de la pureza de Cristo hace que nuestra necesidad sea más evidente. A medida que la santidad de Cristo se revela ante nosotros, no podemos evitar proclamar al igual que Juan el Bautista: *"¡Yo necesito ser bautizado por ti!"*

---

* Algunos suponen que Juan estaba diciendo que él necesitaba el bautismo del Espíritu Santo, pero Juan estaba lleno del Espíritu desde "el vientre de su madre" (Lucas 1:15).

Sin embargo, en el comienzo de nuestro andar abrazamos la vida con nuestra propia fuerza, confiados en nuestras habilidades para triunfar y tener logros. Sí, nos volvemos a Dios, pero casi siempre en momentos de dolor o de prueba. Pero a medida que el Señor nos lleva la madurez, lo que una vez consideramos nuestros puntos fuertes resultan ser más sutiles y, por lo tanto, debilidades más peligrosas. Nuestro orgullo y seguridad en nosotros mismos nos impiden recibir ayuda de Dios; el clamor de nuestras muchas ideas y deseos ahoga el susurro de la voz callada de Dios. De hecho, a los ojos de Dios, los mejores triunfos humanos son algo "desventurado, miserable, pobre, ciego y desnudo" (Apocalipsis 3:17).

Con el tiempo descubrimos que toda fuerza verdadera, toda eficacia real (sí, nuestra santidad en sí misma), comienza con descubrir nuestra necesidad. Nos volvemos más débiles, menos confiados en nuestras capacidades. A medida que la capa exterior de justicia propia se desbarata, *el propio Jesús* se convierte en la respuesta de Dios para todo hombre que clama por santidad y poder en su vida.

Quizá pensemos que tenemos dones espirituales, tal vez supongamos que somos santos, quizá nos regocijemos en los triunfos humanos, pero hasta que no veamos a Cristo y abandonemos nuestra dependencia en la justicia propia, lo único que tendremos será, en el mejor de los casos, una religión.

Aferrémonos a esta verdad con ambas manos; que nunca se nos escape. *¡El propio Jesús es nuestra fuente de santidad!* Estamos tan dispuestos a hacer algo por Él, cualquier cosa, siempre y cuando no tengamos que cambiar por dentro.

Dios no necesita lo que nosotros podamos hacer; Él quiere lo que somos. Él quiere convertirnos en un pueblo santo. No estemos ansiosos en este proceso. Permítale hacer la obra profunda de la preparación. ¡Jesús vivió treinta años de pureza sin pecado antes de hacer una obra de poder! Su meta no era hacer una obra grande sino agradar al Padre con una vida santa.

Escúcheme; nuestra meta, de la misma manera, no es llegar a ser poderosos sino volvernos santos con la presencia de Cristo. *Dios promete dar poder a aquellos que Él santifica primero.* ¿Usted quiere que su cristianismo funcione? Entonces busque al mismo Jesús como su fuente y norma de santidad. ¿Quiere ver el poder de Dios en su vida? Entonces busque conocer la pureza del corazón de Cristo. Si vamos a ser el pueblo al que Jesús llama propio, debemos crecer en santidad. Un cristiano maduro será ambas cosas, santo y poderoso, pero la santidad antecede al poder.

Capítulo 9

MANTENER PURO SU CAMINO

Las Escrituras nos dicen que el Señor es nuestro guardador. Sin embargo, ser guardados por él no significa que no enfrentaremos tentaciones porque hasta Jesús fue tentado. Más bien, es en medio de las pruebas y las tentaciones que Dios nos guarda. Y la manera en que lo hace es mediante su Palabra. Por lo tanto, si vamos a ser santos, debemos conocer íntimamente a la Persona a quien la Biblia llama el Verbo.

Atesorar la Palabra

¿Con qué limpiará el joven su camino? Con guardar tu palabra. Con todo mi corazón te he buscado; No me dejes desviarme de tus mandamientos. En mi corazón he guardado tus dichos, para no pecar contra ti.

—SALMO 119:9–11

LA PREGUNTA NO es: "¿Cómo puede un joven volverse puro?", como si la pureza de corazón fuera imposible para un joven. Más bien la pregunta es: "¿Cómo puede *mantener* limpio su camino?". La pureza de corazón puede alcanzarse y mantenerse si habitamos en comunión con la Palabra de Dios.

Independientemente de nuestra edad, mantenemos limpio nuestro camino al guardar su Palabra, la cual hemos atesorado en nuestros corazones (véase Salmo 119:9, 11). Existe un lugar más allá de saber unos pocos versículos bíblicos, un lugar donde la Palabra de Dios se convierte en nuestro tesoro más preciado. Atesorar la Palabra de Dios es amarla, incluso cuando esta "penetra hasta partir el alma y el espíritu" (Hebreos 4:12).

Atesorar la Palabra es mantenerse completamente vulnerable, incluso cuando esta juzga "los pensamientos y las intenciones del corazón" (v. 12). Saca a la luz nuestros motivos. Es la lámpara del Espíritu, que ilumina la oscuridad de nuestros corazones con luz. Nos libera de las fortalezas del pecado oculto. Hiere, pero también sana, penetra profundamente al centro de nuestro ser. La Palabra del Señor, junto con el Espíritu Santo, es el vehículo para que nos transformemos a imagen de Cristo. La santidad se produce en aquel cuyo tesoro es la Palabra.

La Palabra es Dios

Muchos leen las Escrituras solo para reafirmar sus creencias. Aunque leen la Biblia completa, su mente solo ve ciertas doctrinas. En lugar de creer lo que leen, apenas leen lo que ya creen. Rara vez encuentran verdad nuevas en la Palabra.

Los bautistas lo ven desde su perspectiva, los pentecostales y carismáticos tienen la suya, mientras que los católicos y otras denominaciones a menudo tienen un énfasis completamente diferente. Así como los judíos "en Moisés fueron bautizados" (1 Corintios 10:2), los cristianos a menudo son bautizados en su denominación. Cuando son adoctrinados por completo, sus mentes han sido sumergidas en un charco de enseñanzas que los deja más conformados a la imagen de su secta que a imagen de Cristo.

Pero si vamos a crecer en semejanza a Cristo, debemos ser bautizados en el Espíritu de Cristo y no en el espíritu o enfoque de una denominación en particular. Cuando uno es bautizado en Cristo, su espíritu en realidad se reviste de Cristo (Gálatas 3:27). Lo que un verdadero discípulo busca es la imagen de Cristo en santidad y poder. No podemos permitir que nos inyecten unos cuantos versículos bíblicos especiales que apenas nos produzcan unas cuantas "olas" pero que nos dejen inmunes a toda la plenitud de Dios. Usted es un discípulo de Jesucristo: la realidad del Reino de Dios se encuentra en la suma de todo lo que Jesús enseñó. Por lo tanto, ¡usted debe atesorar cada palabra!

La Palabra es Dios. Las Escrituras no son Dios pero *el Espíritu que respira a través de las palabras es Dios.* Y su Espíritu Santo debe ser honrado como Dios. Por consiguiente, al buscar al Señor, ponga su Biblia a los pies de su cama y arrodíllese al leerla, ¿acaso no está buscando encontrarse con el Todopoderoso? Ore para que no lea la Biblia de forma meramente intelectual. Pida más bien al Espíritu

Santo que hable a su corazón a través de la Palabra.

Para ser un verdadero discípulo usted debe temblar cuando Dios habla (Isaías 66:2). Prepare su corazón con reverencia y adoración. Al arrodillarse en humildad delante del Señor, la Palabra será injertada en su alma y de hecho se convertirá en parte de su naturaleza (Santiago 1:21).

Repito, no lea solo para reforzar las doctrinas que ya tiene establecidas, aunque considerar con oración el punto de vista de otro pudiera ser útil. Esté preparado para tomar notas, escribir lo que el Espíritu dice, estar más consciente que nunca de que es el Espíritu y no la letra lo que vivifica (2 Corintios 3:6).

Lea con una actitud de disposición, humildad y arrepentimiento; incluso, si no puede obedecer por completo a la Palabra, guárdela en su corazón. Aquí es donde la mayoría de las personas se quedan cortas. Porque si el mandato parece imposible o irrazonable para sus mentes, entonces lo desechan. Pero Jesús dijo: "El que tiene mis mandamientos, y los guarda, ése es el que me ama" (Juan 14:21). Muchas veces, *antes de que usted pueda obedecer a la Palabra, tiene que guardarla.* Dios tiene que producir en usted "el querer como el hacer" (Filipenses 2:13). Primero Dios le hace querer y luego le permite hacer.

En este proceso, deje que la Palabra le penetre; deje que le crucifique. Sufra con ella pero no la suelte. Considere cada mandamiento bíblico como una promesa que Dios cumplirá en su vida a medida que usted, con determinación, guarde su Palabra. Y a medida que guarde la Palabra, atesorando sus mandamientos en su corazón, la Palabra misma obrará eficazmente en usted, producirá gracia y transformación a medida que usted crea.

Cada uno de nosotros necesita acumular en su mente tanto de la Biblia como nos sea posible. Durante los diez primeros años de mi caminar con Dios yo comenzaba mi estudio diariamente con la lectura de cinco capítulo del Pentateuco (los primeros cinco libros de la Biblia). Luego leía en voz alta cinco salmos, buscaba expresar en mi lectura la emoción y la fe del salmista. Estudiaba cuidadosamente un capítulo de Proverbios y tres capítulos de los profetas. Entonces leía tres capítulos de una de las epístolas del Nuevo Testamento y por último un capítulo de los evangelios. En total estudiaba unos 18 capítulos al día. Leer de esta manera me mantuvo equilibrado en las distintas verdades de la Biblia.

Tal vez usted no pueda leer tanto pero con solo cuatro capítulos al día terminará toda la Biblia en un año. Cualquiera que sea el método que usted escoja, combine el Antiguo Testamento y el Nuevo Testamento en su búsqueda. Yo mantuve mi patrón diligentemente hasta que el Espíritu Santo comenzó a hablar o "respirar" a través de las Escrituras. Cuando el Espíritu habló, yo lo honré al seguir su dirección, tenía cuidado de anotar todo lo que Él me enseñaba. Al día siguiente comenzaba mi patrón otra vez al arrodillarme delante de la Palabra, retomaba mi estudio donde me había quedado.

Tenga una libreta y un bolígrafo con usted siempre. Por la noche, ponga su libreta junto a su cama, porque Dios habla a sus amados incluso durante el sueño. Hemos sido llamados a *morar* en Él no solo a conversar con Él.

Por último, debemos ser dados por completo a las palabras de Jesús. Los evangelios deben tener la preeminencia sobre los demás libros de la Biblia. Con demasiada frecuencia los cristianos predican más sobre Pablo o algún otro apóstol que sobre Jesús. Sin embargo, Pablo enseñó: "La palabra de Cristo more en abundancia en vosotros" (Colosenses 3:16). Fue la palabra de Cristo la que transformó a todos los apóstoles. El apóstol Juan enseñó: "Cualquiera que se extravía, y no persevera en la doctrina de Cristo, no tiene a Dios" (2 Juan 9).

Hemos sido llamados a permanecer en la enseñanza de Cristo. Sin embargo, por lo general los cristianos pasan poco tiempo en las palabras de Cristo y prefieren leer sobre Él y no permanecer en Él. Tenemos libros con información práctica para cada faceta de la existencia. Hemos llegado a creer que leer libros es la esencia del cristianismo. Siempre estamos aprendiendo pero nunca llegamos al conocimiento de la verdad (2 Timoteo 3:7). Amados, *la verdad está en Jesús* (Efesios 4:21).

Por lo tanto, debemos aprender a morar en la enseñanza de Cristo, incluso cuando estemos dedicados al estudio del resto de las Escrituras. Solo Jesús murió por nuestros pecados, nuestra búsqueda de *Él* debe convertirse en la meta de nuestros esfuerzos espirituales.

Usted debe desarrollar tanto la capacidad de escuchar que el Espíritu pueda hablarle en cualquier lugar sobre cualquier cosa. Hónrelo y Él le honrará a usted. Guarde la Palabra en su corazón y Él le establecerá en santidad delante de Dios. Él mantendrá su camino puro.

Capítulo 10

El Espíritu Santo de verdad

La santificación no se produce automáticamente. Se nos dice que oremos por "la santidad, sin la cual nadie verá al Señor" (Hebreos 12:14). Tenemos que orar por santidad. Sin una búsqueda seria de la santificación, nadie verá al Señor. Debemos prestar atención a las palabras de Jesús: "Bienaventurados los de limpio corazón, porque ellos verán a Dios" (Mateo 5:8).

El proceso de volverse santo

EL PECADO VISTE un manto de engaño. Por lo tanto, la primera etapa de alcanzar la santidad implica exponer nuestros corazones a la verdad y limpiar los corazones de mentiras. Este proceso de volverse santo lo realiza el Espíritu Santo y la manera en que nos santifica es con la verdad. Una vez que el Espíritu rompe con el poder del engaño en nuestras vidas, puede romper el poder del pecado.

Jesús describió a aquellos que llevan fruto en el Reino

como "los que con corazón bueno y recto retienen la palabra oída, y dan fruto con perseverancia" (Lucas 8:15). La primera virtud necesaria para llevar fruto es tener un corazón recto. *Sin amor por la verdad ninguna esfera de nuestras vidas puede ser corregida.*

La Biblia nos advierte que el pecado es engañoso (Hebreos 3:13). Si antes de pecar uno pudiera mostrar los pensamientos en una pantalla, toda la secuencia de racionalizaciones y acomodos, la caída en el engaño sería muy evidente. Pero el proceso de engaño no es evidente. *La mentira del enemigo entra a nuestras mentes en susurros, no a gritos; camina en oscuridad, no en luz.*

Por lo tanto, debemos de manera vigilante llevar "cautivo todo pensamiento a la obediencia a Cristo" (2 Corintios 10:5). Si vamos a discernir la voz de la iniquidad, debemos reconocer su mentira cuando dice: "Tu pecado no es tan malo"; porque el pecado encierra la mente en una nube de coartadas y encubrimientos para tratar de mantenerse vivo. Tuerce y distorsiona la verdad, y sin planes de arrepentimiento nos asegura serenamente: "Dios comprende, Él nunca me juzgará".

Si un pecado embarazoso fuera revelado mediante las circunstancias o de alguna otra manera, le damos gracias a Dios que nuestro problema secreto quedó oculto. Sin embargo, es muy probable que no fuera Dios quien lo mantuvo escondido sino el diablo. La actitud del cielo con relación al pecado es clara. Se nos ordena: "Confesaos vuestras ofensas unos a otros" (Santiago 5:16); nuestra actitud debe renunciar a "lo oculto y vergonzoso" (2 Corintios 4:2). La confesión y poner las cosas al descubierto saca el pecado a la luz. Rompen el poder del engaño.

¿Es usted esclavo del pecado?

"Y conoceréis la verdad, y la verdad os hará libres. Le respondieron: Linaje de Abraham somos, y jamás hemos sido esclavos de nadie. ¿Cómo dices tú: Seréis libres? Jesús les respondió: De cierto, de cierto os digo, que todo aquel que hace pecado, esclavo es del pecado.

—JUAN 8:32–34

El pecado es esclavitud. Cuando Abraham Lincoln libertó a los esclavos norteamericanos muchos siguieron viviendo en esclavitud porque ignoraban su libertad. Legalmente eran libres, sin embargo, sus antiguos amos los engañaron. Así muchos permanecieron subyugados. Aún así el pecado tiene que engañarnos para seguir porque la sangre de Jesús nos ha hecho legalmente libres. Hemos sido redimidos de la esclavitud del pecado.

Las Escrituras nos advierten con respecto a aquellos que "no recibieron el amor de la verdad para ser salvos" (2 Tesalonicenses 2:10). *La salvación no es un rito religioso; es la experiencia de ser salvos de aquello que de otra manera nos destruiría.* De hecho Jesús vino "porque Él salvará a su pueblo de sus pecados" (Mateo 1:21). La "libertad" que viene al saber la verdad es la libertad del pecado y sus consecuencias (Juan 8:31–34).

Para aquellos que no aman la verdad, Dios permite que venga sobre ellos un "poder engañoso" (del griego "actividad de error"), "para que crean la mentira, a fin de que sean condenados todos los que no creyeron a la verdad, sino que se complacieron en la injusticia" (2 Tesalonicenses 2:10–12). Cada aspecto de su vida donde la verdad no impera tiene como sustituto un "poder engañoso".

Si usted es esclavo de una lujuria sexual, sus pensamientos y conducta subsiguientes estarán llenos de secretos y condenación, lo que constituye un poder engañoso en su vida. Quizá por fuera usted parezca íntegro, pero su mente está nublada por una influencia engañosa en la esfera de su pecado. Si usted es esclavo del temor, sus pensamientos y obras están en un estado constante de vigilancia en contra de la calamidad. Esa vigilancia es un poder engañoso. Si es un esclavo de su apetito, sus muchos viajes a la despensa, así como las mentiras que les cuenta a otros acerca de su "metabolismo" son una vana ilusión.

Dios permite este estado de ánimo caído debido a nuestra negativa testaruda de amar la verdad para ser salvos. Cada aspecto de nuestras vidas que está controlado por el pecado es un aspecto de nuestra alma que está bajo engaño.

Anteriormente leímos que las personas "se complacieron en la injusticia" (2 Tesalonicenses 2:12). En casi todo el pecado existe placer suficiente como para hacer que el pecado sea atractivo. *Si el pecado no tuviera placer solo las personas con trastornos mentales lo cometerían porque el pecado también implica muerte.* Lo que nos engaña es el lado agradable del pecado. Porque, ¿qué es la lujuria sino la perversión del placer? Si vamos a experimentar salvación verdadera debemos desear la verdad por encima del placer porque es nuestra propia lujuria por el placer y la comodidad lo que nos engaña. Sin embargo, la verdad no es enemiga del placer sino de la perversión.

Cada vez que usted se arrepiente de un pecado, se rompe una mentira que en un tiempo controló su vida. Pero si usted se complace en la maldad, y rechaza la bondad de Dios que le lleva al arrepentimiento, con el tiempo Dios le entregará al engaño que su rebelión ha reclamado. Es por eso que Jesús nos enseñó a orar: "Y no nos metas en tentación, mas líbranos del mal" (Mateo 6:13). Dios no tienta al hombre con pecado. La tentación y el mal son inherentes a nuestras naturalezas. *Si de manera continua y obstinada nos negamos a arrepentirnos del pecado, Dios nos entrega a aquello que nos negamos a rendir.*

Proverbios 29:1 advierte: "El hombre que reprendido endurece la cerviz, de repente será quebrantado, y no habrá para él medicina". Pablo también advierte con relación a aquellos que "Dios los entregó a la inmundicia, en las concupiscencias de sus corazones, de modo que deshonraron entre sí sus propios cuerpos". ¿Por qué? Porque "cambiaron la verdad de Dios por la mentira" (Romanos 1:24–25). Todo pecado es el cambio de la verdad de Dios por una mentira.

Por consiguiente, mientras más veraz uno sea consigo mismo y con Dios, más será liberado del "engaño del pecado" (Hebreos 3:13), al permitir que la justicia salga adelante.

Ser sin mancha

"Y en sus bocas no fue hallada mentira, pues son sin mancha delante del trono de Dios" (Apocalipsis 14:5). Llegar a ser sin mancha es ser libre de la falsedad, es ser liberado del pecado y del engaño que protege al pecado. Sin embargo, este proceso de liberación no se alcanza si solo estamos comprometidos de manera informal con el Señor Jesús. Debemos estar dedicados al camino de la verdad. De hecho cada uno de nosotros ha sido condicionado por décadas de incredulidad, temor y una manera de pensar desenfrenada, lo cual ha fortalecido el engaño.

Los cristianos, que tienen la tendencia a pensar automáticamente que son los "escogidos de Dios", se han asegurado a sí mismos que no es posible ser engañados. *¡El solo hecho de pensar "no puedo ser engañado" es en sí un engaño!* Permanezcamos humildes y no supongamos que el *llamamiento* de Dios y la *elección* de Dios son la misma cosa. Jesús enseñó: " muchos son llamados, y pocos escogidos" (Mateo 22:14). A los llamados les esperan muchas pruebas antes de que sean equipados por Dios y se conviertan en sus escogidos, una de estas pruebas es ser libres del engaño.

Y mire, nuestra mente natural fue concebida en un mundo donde el concepto de honestidad debe ser impuesto por las leyes. En nuestro mundo los prejuicios de los medios de comunicación distorsionan los hechos, los anunciantes prometen lo imposible y la gente se queda hechizada por los mundos fantasiosos de las películas y los libros. La mentira está en todas partes y de alguna manera en todo y debemos aceptar la posibilidad de que incluso en aquellas cosas de las que estamos seguros todavía pudiera haber elementos de engaño.

No nos damos cuenta pero necesitamos *revelación* para conocer la verdad. Personas que parecían amables, agradables o halagadoras resultaron ser poco amables, crueles y engañosas. Y debemos reconocer que a menudo nosotros también intentamos parecer mejores de lo que somos.

Este esfuerzo de parecer de una manera aunque por dentro somos de otra ha creado un mundo en el que la verdad no es evidente, donde las cosas que para uno están muy claras para otro son invisibles. El engaño y la confusión llenan tanto este mundo que para que nosotros distingamos lo que es correcto las Escrituras nos ordenan que "busquemos", "amemos" y "compremos la verdad" (Proverbios 2:1–5; 2 Tesalonicenses 2:10; Proverbios 23:23).

Jesús oró: "[Padre,] santifícalos en tu verdad; tu palabra es verdad" (Juan 17:17). Él estaba diciendo: "Padre, purifícalos de las mentiras y los engaños de esta era mediante tu Palabra penetrante". En Efesios Pablo nos dice que Cristo santifica a la iglesia al limpiarla "por el lavamiento del agua por la palabra que no tuviese mancha ni arruga ni cosa semejante" (Efesios 5:26–27). Entonces, esto de abrazar la verdad y dejar que la palabra de verdad haga su obra de santificación, limpieza y purificación en nuestras vidas es el proceso mediante el cual nos volvemos santos. Amar la verdad es el principio de nuestra libertad del pecado.

Capítulo 11

EL ARREPENTIMIENTO Y EL CAMINO QUE DIOS CONSIDERA SANTO

No desprecie el arrepentimiento. Cada época de crecimiento espiritual significativo en su andar con Dios será precipitada por un tiempo de arrepentimiento profundo.

Seguir con el arrepentimiento

LA FE ES crucial para alcanzar la pureza de corazón. Uno tiene que creer primero que la santidad es posible o nunca intentará alcanzarla. Pero sin arrepentimiento la fe es un rehén de la anarquía del pecado. Dios no favorecerá la fe de un hombre pecador a menos que ese hombre se arrepienta. Santiago nos dice: "La oración eficaz del justo puede mucho" (Santiago 5:16). El arrepentimiento prepara el corazón para la justicia, desata el poder de la fe hacia Dios.

Existe un grave error en nuestra comprensión del pecado. Ciertos comentaristas bíblicos han declarado informalmente que *pecado* en las Escrituras griegas es meramente "errar el tiro". Aunque ese es el significado de la palabra griega para pecado debemos señalar que Jesús no era griego ni hablaba ni enseñaba en griego. El filosófico vocabulario griego no tenía una palabra para pecado. "Errar el tiro" fue un término acuñado para definir el uso más amplio de la palabra pero tristemente inadecuado para definir las consecuencias del pecado, porque "la paga del pecado es muerte (Romanos 6:23), no es simplemente "errar el tiro".

El hebreo del Antiguo Testamento es mucho más descriptivo en sus definiciones de pecado y se acerca más a lo que Jesús realmente enseñó y habló. Para los judíos, *pecado* era *awen*, que significaba "mal, problema, desgracia, mala conducta, agravio, maldad"; *awon* significaba "torcer, pervertir, doblar". Otra palabra, *chata*, sí tenía la frase "errar el tiro" en una de tres definiciones pero claramente "errar el tiro" era una definición secundaria y fuera de contexto con lo que Jesús enseñó con relación al pecado.

Cuando examinamos todo lo relacionado con la actitud de Jesús ante el pecado podemos ver que era mucho peor que solo "una equivocación". De hecho, Jesús dijo con respecto al pecado: "Os digo si no os arrepentís, todos pereceréis igualmente" (Lucas 13:3, 5). Con relación al pecado y al reino de Dios, Él declaró: "Y si tu ojo te fuere ocasión de caer, sácalo; mejor te es entrar en el reino de Dios con un ojo, que teniendo dos ojos ser echado al infierno" (Marcos 9:47).

Jesús dijo que un ojo errante y adúltero puede impedirle llegar al cielo. ¿Por qué pagar un precio tan alto por un placer tan vil? *Mire, el pecado no es simplemente errar el tiro, es errar y no entrar al Reino. ¡Es muerte cuando pudiéramos disfrutar de la vida!*

El propósito de este mensaje es llevarnos más allá de meramente sentir pesar porque pecamos. Dios quiere llevarnos a una *actitud* de arrepentimiento que insistentemente vuelva a Él hasta que el fruto de justicia se produzca en nuestras vidas.

La Biblia nos dice que antes del comienzo del ministerio de Cristo "hubo un hombre enviado de Dios, el cual se llamaba Juan" (Juan 1:6). Juan el Bautista fue enviado de Dios. Su bautismo de arrepentimiento no era el último suceso del antiguo pacto que tenía que ser completado; fue el primer suceso, *el pionero*, del nuevo pacto. Juan fue enviado por Dios como precursor del ministerio de Cristo. Su único objetivo era sumergir a Israel en una actitud de arrepentimiento (Hechos 19:4). Él fue llamado a ir delante de Cristo. Su tarea era "preparar el camino del Señor" (Marcos 1:2–3).

El arrepentimiento siempre antecede a la llegada del Cristo vivo en la vida de una persona. "Preparar" es el objetivo del arrepentimiento. Asegurémonos de entender: *El arrepentimiento de Juan no hizo simplemente que los hombres sintieran apenados, los preparó.*

El verdadero arrepentimiento es darle vuelta al terreno del corazón para sembrar nuevos conceptos y pautas. Es un aspecto vital en la esfera general de la madurez espiritual. Cambiar su mente verdaderamente requiere tiempo y esfuerzo. El mandamiento de Juan a los judíos fue: "Haced, pues, frutos dignos de arrepentimiento" (Mateo 3:8).

Entendamos que el arrepentimiento no se termina hasta que se produzca fruto. De hecho Juan estaba diciendo: "No dejen de alejarse del orgullo hasta que se deleiten en la humildad. Siga arrepintiéndose del egoísmo hasta que el amor sea algo natural en usted. No deje de sufrir sus impurezas hasta que sea puro". Él exigía que los hombres siguieran con el arrepentimiento hasta que se manifestara el fruto. Y si usted va a ser santo, seguirá con el arrepentimiento hasta que sea santo.

El apóstol Juan nos dice: "Si confesamos nuestros pecados, Él es fiel y justo para perdonar nuestros pecados, y limpiarnos de toda maldad" (1 Juan 1:9). No se esconda de sus pecados, confiéselos. La gracia de Dios y el sacrificio de su Hijo son suficientes para cubrir y perdonar todos y cualquier pecado pero nosotros tenemos que pedir perdón. Tenemos que humillarnos y, de corazón, someternos otra vez a Dios. Sea honesto con respecto a su pecado y Él le limpiará del mismo.

Una exhortación: insista en su arrepentimiento, nunca dude de la generosidad de la misericordia de Dios. Si Dios nos manda a perdonar incondicionalmente a aquellos que pecan contra nosotros (Mateo 18:21–22), sepa que Dios no nos pide a nosotros más de lo que se pide a sí mismo. Si usted peca 490 veces en un día, después de cada vez, clame a el pidiéndole perdón. Él le perdonará y le limpiará del efecto de su pecado.

Durante una etapa de mi vida yo tropecé reiteradas veces con el mismo problema. Acongojado y con dudas en mi corazón yo clamé: "¡Señor! ¿Hasta cuándo me vas a soportar?" En un destello de gracia y verdad Él respondió: *"Hasta que te haya perfeccionado"*.

La Escritura nos dice: "Y camino de vida las reprensiones que te instruyen" (Proverbios 6:23). Esto no es gravoso excepto para aquellos que rechazan la corrección. ¡El camino de la reprensión *es* camino de vida! Jesús dijo: "Yo reprendo y castigo a todos los que amo; sé, pues, celoso, y arrepiéntete" (Apocalipsis 3:19). *No es la ira de Dios la que nos habla de arrepentimiento, es su bondad.* Se nos ha prometido "que el que comenzó en vosotros la buena obra, la perfeccionará hasta el día de Jesucristo" (Filipenses 1:6). Siempre que deseemos ser como Él, su reprensión será una puerta para entrar a su presencia.

Sin embargo, si usted retrocede ante la palabra *arrepentimiento* es porque usted no quiere cambiar. Usted necesita este mensaje. Cuando la idea del arrepentimiento no esté cubierta de imágenes sombrías de saco y lágrimas, cuando la corrección inspire regocijo y gritos de alabanza por la gracia de Dios, sepa que su espíritu se ha vuelto verdaderamente puro. Es entonces que usted está caminando por el camino que Dios denomina santo.

CUARTA PARTE
HUIR DE LA FALSEDAD

℀

Hagámonos la pregunta: ¿estamos buscando simplemente el ser "salvos" o estamos buscando ser como Jesús? Si nuestra salvación no se centra en la meta de ser como Jesús, pronto caeremos en obras muertas y en un engaño vacío. Nuestra salvación es una persona: ¡el Señor Jesucristo! Y lo que nos salva y nos hace santos es ser conformados a su imagen.

Capítulo 12

CUIDADO: ES FÁCIL FINGIR EL CRISTIANISMO

Nuestra experiencia con el cristianismo debe ir más allá de ser otra interpretación de la Biblia, debe expandirse hasta que nuestra fe en Jesús y nuestro amor por Él se conviertan en un pararrayos para su presencia.

Examine todas las cosas

"EXAMINADLO TODO; RETENED lo bueno" (1 Tesalonicenses 5:21). ¿Compraría usted un auto sin manejarlo? ¿Compraría una casa sin verla? ¡Claro que no! Sin embargo, muchos de nosotros aceptamos varios "planes de salvación" que realmente no nos salvan de las aflicciones del infierno. A pesar del hecho de que Jesús vino a darnos vida abundante, seguimos enfermos, llenos de pecado y egoístas. Un auto puede lucir bien pero si no llega de un lado a otro de la ciudad, no debemos confiar en que nos lleve de un lado a otro del país.

De la misma manera, si nuestro cristianismo no funciona en esta vida donde podemos probarlo, es insensato esperar que nos llevará con éxito a la eternidad donde, si fallamos la prueba, sufriremos la separación eterna de Dios.

Sin embargo, no quiero dar a entender que, a menos que comprendamos bien cada doctrina y tengamos la interpretación perfecta, se nos negará la entrada al cielo. El cristianismo es más una cuestión del corazón que de la cabeza; es más la madurez del amor que del conocimiento. *La prueba de la verdad no es una búsqueda intelectual sino más bien cuestión de si usted está acercándose más, semana tras semana, a conocer y amar a Jesucristo.*

Al mismo tiempo, no debemos sentir temor de probar lo que creemos. Pablo dice: "Examinaos a vosotros mismos probaos a vosotros mismos. ¿O no os conocéis a vosotros mismos, que Jesucristo está en vosotros, a menos que estéis reprobados?" (2 Corintios 13:5).

El poder y la persona de Jesucristo están en nosotros; creer en Él es llegar a ser cada vez más como Él. Como está escrito: "pues como Él es, así somos nosotros en este mundo" (1 Juan 4:17). Sin embargo, si hemos sido adoctrinados para creer que el Reino de Dios, y el cristianismo mismo, realmente no tienen que funcionar, o si la ausencia de santidad y poder no nos preocupa, algo anda muy mal con nuestro concepto de verdad.

Debemos buscar respuestas a tres preguntas muy importantes. Primero: *¿Es eficaz mi fe?* No pase por alto esa pregunta. Pregúntese honestamente si sus oraciones están siendo contestadas y si su vida es cada vez más santa.

Segundo: *Si mis doctrinas no funcionan, ¿por qué será?* Tal vez su teología sea buena pero usted es perezoso. Quizá necesita apagar el televisor y dedicar ese tiempo a buscar del Señor. O tal vez usted es muy fervoroso pero le han enseñado mal. De cualquier manera, usted debe descubrir por qué las cosas no le están funcionando.

Y tercero: *Si veo el fruto y el poder del Espíritu Santo revelados en la vida de otra persona, ¿cómo él (o ella) recibió tal gracia de Dios?* No tenga miedo de sentarse como discípulo bajo la unción del ministerio de otro. La Palabra nos dice: "El que recibe a un profeta por cuanto es profeta, recompensa de profeta recibirá" (Mateo 10:41). Dios da "recompensas" de revelación, conocimiento y otros dones espirituales a sus siervos. *Aprenda de aquellos cuya fe está funcionando.*

La prueba final de cualquier grupo de doctrinas se ve en el tipo de vida que producen. Como está escrito: " por esto sabemos que estamos en Él. El que dice que permanece en Él, debe andar como Él anduvo" (1 Juan 2:5–6). El andar con Cristo de una manera continua y persistente producirá una vida como la de Cristo. Andaremos "como Él anduvo", con santidad y poder.

Sin embargo, el hecho es que si el "dios" de algunas de nuestras religiones cristianas muriera, la mayoría de los miembros de esas iglesias estaría o demasiado muertos espiritualmente o demasiado ocupados filosóficamente como para notar su ausencia. Con demasiada frecuencia los cristianos aceptan las enseñanzas "por fe", no fe en el Dios viviente sino fe en que las doctrinas de su iglesia son correctas. Inconscientemente esperamos que cualquiera que nos esté enseñando no haya cometido un error.

Debemos reconocer la falibilidad de todos nuestros maestros. Jesús dijo: "Mirad que nadie os engañe" (Mateo 24:4). Quedar libres del engaño es una responsabilidad que cada uno de nosotros debe asumir como persona. Sin volvernos desconfiados ni recelosos, reexaminemos con humildad lo que se nos ha enseñado. *La virtud de cualquier enseñanza está en su capacidad ya sea de equiparle para hacer la voluntad de Dios o de capacitarle para encontrar el corazón de Dios. Si falta alguno de esos dos objetivos, la información no merita su tiempo.*

El poder de una vida santa

Esta lección no está dirigida a "gente mala" ni a pecadores; es para nosotros la "gente buena" quienes hemos pensado que ser buenos es lo mismo que conocer la verdad. No lo es. Podemos agradecer a nuestros padres que seamos buenos, pero si vamos a conocer la verdad, debemos buscar a Dios y estar dispuestos a obedecerle.

En Mateo 24 Jesús advirtió cinco veces con relación al engaño en los últimos tiempos (vv. 4, 5, 11, 23–24, 26). Si estas advertencias no nos preocupan aunque sea un poco, es porque estamos cuidando nuestra ignorancia con arrogancia, asumimos que nuestras ideas deben ser correctas solo porque son las *nuestras*. En las vidas de todos existen aspectos que necesitan ser corregidos. Y, a menos que podamos ser corregidos, a menos que busquemos a Dios para tener una revelación de su Hijo, nuestra mal llamada "fe" pudiera ser en realidad una indiferencia perezosa, un engaño con relación a las cosas de Dios. *Subconscientemente puede que en realidad queramos una religión muerta para no tener que cambiar.*

Sí, debemos aceptar muchas cosas por fe. Pero la fe no es extender nuestra mano a ciegas para que otro ciego nos guíe. No es una excusa para justificar doctrinas impotentes. La verdadera fe se carga con el poder de Dios.

El poder en la santidad

"También debes saber esto: que en los postreros días vendrán tiempos peligrosos. Porque habrá hombres que tendrán apariencia de piedad, pero negarán la eficacia de ella; a éstos evita" (2 Timoteo 3:1–5). La santidad es poderosa. ¿Alguna vez ha conocido a usted a un hombre o mujer realmente santo? *Hay un poder en su santidad.* Sin embargo, si uno nunca ha conocido un alma que semeje a Cristo, se hace muy fácil fingir el cristianismo. Recuerde esto siempre: ser falso es natural para el corazón humano; es con mucho esfuerzo que nos volvemos reales. A menos que estemos en busca de la madurez espiritual, nuestra inmadurez moldea nuestra percepción de Dios. Señalamos al Todopoderoso y decimos: "Él dejó de requerir santidad", cuando en realidad, nosotros hemos sido transigentes con las normas de su Reino. *Sepa de seguro que en el momento en que dejamos de obedecer a Dios, comenzamos a fingir el cristianismo.*

Debemos comprender que el "conocimiento del Señor" no es un curso que se puede pasar en diez semanas; es una experiencia en desarrollo con Jesucristo. Comienza con volver a nacer y tener fe en Jesús, pero continúa con la propia santidad de Cristo, su poder y su perfección.

Y a medida que maduramos, comenzamos a entender que el Espíritu de Cristo en realidad está en nosotros. La cruz sale de la página impresa, se para frente a nosotros, nos confronta con nuestros propios huertos de Getsemaní, nuestros propios Gólgotas, pero también con nuestra propia resurrección mediante la cual ascendemos espiritualmente a la verdadera presencia del Señor. Decimos junto con Pablo:

> Con Cristo estoy juntamente crucificado, y ya no vivo yo, mas vive Cristo en mí; y lo que ahora vivo en la carne, lo vivo en la fe del Hijo de Dios, el cual me amó y se entregó a sí mismo por mí.
> —GÁLATAS 2:20

¡No se deje confundir! Exija a su teología que funcione, ¡su salvación eterna depende de eso! Si Cristo está en nosotros, debemos vivir vidas santas y poderosas. No hay excusas. Si no somos santos o si el poder de la santidad no está en nuestras vidas, no culpemos a Dios. Como está escrito: "sea Dios veraz, y todo hombre mentiroso" (Romanos 3:4). Insistamos en buscar a Dios hasta que lo encontremos, hasta que descubramos lo que nos falta (Mateo 19:20). Sigamos hasta que logremos "asir aquello para lo cual [fuimos] también [asidos] por Cristo Jesús" (Filipenses 3:12).

¿Por cuánto tiempo debemos seguir buscándolo? Si gastamos todas nuevas vidas y todas nuestras energías por lograr tres minutos de una semejanza real a Cristo, habremos gastado bien nuestras vidas. Diremos como dijo Simeón en la antigüedad: "Ahora, Señor, despides a tu siervo en paz, conforme a tu palabra; porque han visto mis ojos tu salvación" (Lucas 2:29-30). No queremos solamente expresar conformidad mental con la doctrina cristiana, queremos ver, tener contacto y vivir la realidad de la presencia de Cristo. En el momento en que nos conformemos con menos que eso, nuestro cristianismo comienza a ser falso.

Capítulo 13

Un corazón sin ídolos

*Cuando por primera vez venimos a Jesús, Él nos acepta
como somos: con problemas, pecados y todo lo demás.
Sin embargo, a medida que nuestras necesidades
quedan satisfechas, poco a poco descubrimos que Dios
está buscando algo en nuestras vidas. Lo que Él busca
es adoración. Pero la verdadera adoración es la conse-
cuencia, el resultado de ver a Dios como Él es. Brota
naturalmente de un alma purificada por el amor, se
eleva como incienso de un corazón sin ídolos.*

El Dios cuyo nombre es celoso

CRISTO NO DESTRUYE personalmente los ídolos del pecado
y del yo dentro de nosotros. Más bien Él los muestra
y nos dice que los destruyamos. Este mensaje tiene que ver
con el arrepentimiento. Si usted se aleja ante el sonido de esa
palabra es porque necesita una limpieza fresca de su alma.
De hecho estamos hablando de un tipo de arrepentimiento
que es poco común para aquellos que solo buscan perdón
pero no cambio. Estamos hablando de un arrepentimiento

profundo, una *actitud contrita*, vigilante que se niega a permitir que el pecado o el yo se conviertan en ídolos en nuestros corazones.

En Éxodo vemos cómo Cristo piensa de los ídolos. Él advierte:

> Guárdate de hacer alianza con los moradores de la tierra donde has de entrar, para que no sean tropezadero en medio de ti. Derribaréis sus altares, y quebraréis sus estatuas, y cortaréis sus imágenes de Asera. Porque no te has de inclinar a ningún otro dios, pues Jehová, cuyo nombre es Celoso, Dios celoso es.
>
> —Éxodo 34:12–14

La naturaleza de Cristo tiene muchos aspectos. Él es el Buen pastor, nuestro liberador y nuestro sanador. Percibimos a Dios por el filtro de la necesidad que tenemos de Él. Y así Él lo ha establecido porque Él mismo es nuestra respuesta a miles de necesidades.

Pero, ¿cómo nos ve Jesús a nosotros? En los ojos de Jesús la iglesia es su novia: hueso de sus huesos y carne de su carne (Efesios 5:22–32). Él no nos ha salvado para que podamos vivir otra vez para nosotros mismos, Él nos salvó para sí (Colosenses 1:16). *La verdadera salvación es un compromiso. Él nos purifica para nuestro matrimonio.* Desde su perspectiva nuestra manera independiente de vivir es idólatra. Enciende las llamas de su celo.

Un ídolo no es un pecado ocasional; es algo que nos gobierna y nos hace esclavos suyos. Para algunos el temor es un ídolo; para otros lo es la lujuria; para otros es la rebelión o el orgullo. *Cualquier cosa que desafíe al lugar que le corresponde a Jesús en nuestro corazón se convierte en su enemigo, y Él lo confrontará.* Debido a su celo con respecto a su novia, en cuanto a estos dioses falsos, el Señor exige que nosotros mismos destruyamos estos ídolos.

En los pasajes mencionados antes vemos que Jesús no quiere que derribemos "con cuidado" ese altar oculto de pecado para no romperlo, más bien Él nos ordena que "derribemos" aquello que es ofensivo. No nos está pidiendo cortésmente que desmantelemos, tornillo por tornillo, nuestras columnas de orgullo sino que pide que los hagamos pedazos. Cuando Él nos muestra un ídolo interior, tenemos que demolerlo por completo. No podemos albergar en secreto la más ligera intención de volver a usar ese ídolo. Tiene que ser destruido.

Tal vez usted sienta que no está adorando ningún ídolo. No se para mañana tras mañana frente a una estatua de Baal y la adora como si fuera su dios. De hecho no adoramos los ídolos de los antiguos paganos. Al igual que todas las demás cosas del mundo moderno, el hombre también ha sofisticado la idolatría. Pablo habla del anticristo que aparecerá en los últimos días como "el cual se opone y se levanta contra todo lo que se llama Dios o es objeto de culto; tanto que se sienta en el templo de Dios como Dios, haciéndose pasar por Dios" (2 Tesalonicenses 2:4).

¿Dónde está el templo de Dios en la tierra, se trata de un edificio? Tal vez, pero en ningún otro lugar de las enseñanzas de Pablo él se refiere a un hombre sentado como un dios en

Jerusalén, en algún punto de la vida de ese hombre él tuvo que ver primero a sí mismo "como Dios".

Percibamos al anticristo como lo hizo el apóstol Juan, quien lo vio no solo como alguien que venía sino como un enemigo espiritual que buscaba infiltrarse y luego reemplazar al verdadero cristianismo (1 Juan 2:18; 4:3). El espíritu del anticristo es un espíritu religioso; se manifiesta en esa manera de pensar que se rehúsa a ser enseñada y corregida por Cristo o por cualquier otra persona. *El espíritu del anticristo reside en gran parte de la iglesia de hoy, se opone al mover de Dios y se muestra a sí mismo como si fuera Dios.*

En pocas palabras, el espíritu del anticristo es ese espíritu que exalta al *yo* como *deidad*. Mire, el espíritu del anticristo es mucho más sutil que una persona que de repente le anuncie al mundo que él es el creador. Nuestro mundo es demasiado sofisticado como para eso. Nosotros en la actualidad tenemos que buscar la *influencia* del anticristo en nuestras tradiciones religiosas: ¿se basan esas tradiciones en la Escritura o en el hombre? Y luego, más allá de nuestras tradiciones, en la inmediatez de nuestros propios corazones, debemos discernir la *disposición* del espíritu del anticristo en la manera de pensar de nuestra naturaleza carnal. ¿Existe algo en su alma que se oponga y se exalte a sí mismo por encima de Dios, ocupando su lugar en el templo humano de Dios, mostrándose como si fuera el propio Dios? Su resistencia en contra de Dios es un ídolo. Es el ídolo más poderoso del corazón humano.

Pero el falso dios de la autonomía no está solo en el hombre.

Mercurio, el dios de la antigüedad, se vería en apuros para ir al ritmo de los dioses actuales de la ansiedad y la prisa. El mundo ha sacado su sed de matar de las antiguas arenas romanas y la ha puesto en películas violentas. Ha sacado a la diosa de la fertilidad de las colinas griegas y ha hecho del sexo un ídolo en nuestros cines y televisión. Lo que la humanidad ha hecho es pasar los templos paganos de los lugares altos del campo a los lugares escondidos del corazón humano.

Si exaltamos al dinero, la posición social o el sexo por encima de la Palabra de Dios, estamos viviendo en idolatría. Cada vez que nos sometemos interiormente a las fortalezas del temor, la amargura y el orgullo, estamos inclinándonos ante los gobernadores de las tinieblas. Cada uno de estos ídolos debe ser aplastado, separado y borrado del panorama de nuestros corazones.

"Soy un Dios celoso"

"Porque no te has de inclinar a ningún otro dios, pues Jehová, cuyo nombre es Celoso, Dios celoso es" (Éxodo 34:14). El Señor no dijo que era celoso en ocasiones; dijo que *su nombre*, que revela su *naturaleza*, es Celoso. Justo al lado de su nombre Yo Soy está su nombre Celoso. Su nombre no es un principio etéreo de "una conciencia cósmica superior". Su amor está enfocado en nosotros, celoso realmente de nosotros como individuos. Él "a sus ovejas llama por nombre" (Juan 10:3). Jesús sabe cuál es su nombre. Él le ama personalmente. El hecho de que Cristo sea celoso de nosotros como personas, que se preocupe y provea para cada aspecto de nuestras vidas y que sufriera humillación y muerte en la cruz para pagar por nuestros pecados demuestra cuán grande es el amor con que nos ama. Él lo dio todo. Él lo merece todo.

Su celo por nosotros es perfecto. No es lo mismo que el celo humano: mezquino, posesivo e inseguro. Él no está sentado en el cielo retorciéndose las manos, preguntándose qué pensamos de Él realmente. Su celo se basa en su amor puro por nosotros y su deseo de bendecirnos y realizar nuestras vidas en Él. Él nos comprende, conoce nuestras debilidades. "El Espíritu que Él ha hecho morar en nosotros nos anhela celosamente" (Santiago 4:5). Su promesa para nosotros es fiel: "No te desampararé, ni te dejaré" (Hebreos 13:5). Él se niega a dejar de amarnos. Tal vez usted se considere un pecador, alguien difícil de amar, como si nadie le quisiera, pero Jesús le anhela.

Al comienzo de mi ministerio en ocasiones yo me daba por vencido con ciertas personas que me parecían que no estaban abiertas para recibir a Dios. A medida que los años pasaban yo descubría que esas mismas personas luego caminaban con Dios. Jesús es fiel. Él le ama con un amor que es celoso de usted como persona.

Sin embargo, Dios sabe que para que usted *experimente* su amor, los ídolos del yo y el pecado deben ser destruidos. Y para demostrar nuestras intenciones y amor por Él, *nos dice que aplastemos estos ídolos*. ¿Usted quiere ser santo? Entonces quite los ídolos del yo y del pecado que hay dentro de usted porque la santidad existe en un alma purificada por el amor, emana como el incienso de un corazón sin ídolos.

Capítulo 14

EL ÍDOLO DEL FALSO CONOCIMIENTO

No tenemos que ser grandes pensadores para entender que el pecado puede convertirse en un ídolo, un dios falso que reclama nuestra obediencia. Pero codo a codo con el pecado está el ídolo del falso conocimiento.

Ocúpese de que nadie le confunda

GRAN PARTE DE nuestra experiencia cristiana se basa en la asimilación y digestión del conocimiento. Cuando venimos a Cristo nuestra atención está centrada en la satisfacción de nuestras necesidades. Lamentablemente nuestros poderes espirituales de discernimiento están poco desarrollados y a menudo asimilamos un conocimiento falso que inhibe o en realidad impide nuestro crecimiento. En lugar de madurar en el Señor, muchas veces somos meramente adoctrinados en los conceptos de nuestros primeros maestros, y no todos esos conceptos son bíblicos.

Guardamos distancia con las iglesias que adornan sus pasillos con estatuas religiosas e imágenes de santos; pero una imagen falsa de Dios puede fijarse en nuestras mentes tanto como una estatua en el yeso, e igual carecerá de vida. Si nuestro conocimiento sobre Dios está cargado con la vida y el poder de Dios, el mero conocimiento se convierte en un ídolo en nuestra mente.

Tanto usted como yo tenemos ideas, imágenes de Dios que son falsas y que el Espíritu Santo quitará si nosotros se lo permitimos. Estas son tradiciones culturales y doctrinales que se han arraigado en nuestras mentes. El poder de la vida de Cristo se filtra y disminuye proporcionalmente según el número que exista en nosotros de estas imágenes falsas. Las personas, iglesias e incluso las nacionalidades superponen su similitud a sus conceptos de Dios. Naciones ricas y pobres por igual asumen que el Creador todopoderoso existe y piensa como ellos lo hacen. No sirven a Dios sino a la *imagen* que tienen de Dios. Sin embargo, el Viviente no es blanco ni negro. No es judío ni griego, católico ni protestante. ¡Él es Dios! Y, como escribiera el salmista: "Nuestro Dios está en los cielos; todo lo que quiso ha hecho" (Salmo 115:3).

No podemos "entrenar" al Señor para que piense como un norteamericano. Él es el Creador soberano, la fuente de vida del universo. Aunque los ídolos son más "seguros" para nuestra naturaleza carnal que el Dios viviente, un ídolo no puede resucitarnos ni sanarnos cuando estamos enfermos ni liberarnos del diablo ni de nosotros mismos. *La única razón por la que toleramos ídolos muertos es porque, aunque no pueden ayudarnos, tampoco pueden hacernos daño ni condenarnos por el pecado*. No nos damos cuenta de las consecuencias de albergar ídolos: "Semejantes a ellos son los que los hacen, Y cualquiera que confía en ellos" (v. 8).

En Mateo 24 Jesús advirtió sobre los tremendos poderes de engaño que estarían presentes en los últimos días. Él comenzó su discurso con la advertencia: "Mirad que nadie os engañe" (v. 4). En los próximos 22 versículos, Él repitió esta advertencia cinco veces, y dijo que muchos serían confundidos, declaró que habrá "falsos Cristos", "falsos maestros" y "falsos profetas" así como as "grandes señales y prodigios, de tal manera que engañarán, si fuere posible, aun a los escogidos" (v. 24). Pero en medio de su revelación profética nuestro Señor declaró: "Y será predicado este evangelio del reino en todo el mundo, para testimonio a todas las naciones" (v. 14). Subraye la frase *este evangelio*. El evangelio, *tal y como Jesús lo enseñó*, con su poder para sanar, liberar y hacer a los hombres santos, será proclamado como un testimonio "y entonces vendrá el fin" (v. 14).

En ese mismo capítulo Jesús dijo: "El cielo y la tierra pasarán, pero mis palabras no pasarán" (v. 35). Jesús sabía, y por tanto habló con confianza, que sus elegidos nunca transigirían en su mensaje. Y aunque en la tierra están proliferando las falsas enseñanzas, el engaño, las señales y prodigios mentirosos, las seudo-unciones, etc., el evangelio del Reino de Dios, el evangelio de Jesús, se está proclamando como un testimonio de su regreso.

¿Cuál es este "evangelio del Reino"? *Es todo el mensaje de*

Jesucristo. Es más imperativo, más satisfactorio, más santo y más poderoso que el "evangelio" del cristianismo típico norteamericano. Según Jesús, cuando alguien encuentra el Reino de Dios "gozoso por ello va y vende todo lo que tiene" (Mateo 13:44). Una vez que lo encuentra, debe buscarse primero incluso que la comida y ropa necesarias, y es un tesoro tan preciado que uno debe preferir la pérdida de una mano o un ojo que perder el Reino (Mateo 6:33; Marcos 9:47). *Es el evangelio que nos cuesta todo pero que nos lo mejor de Dios.* En medio de la mundanalidad, la tibieza y los engaños categóricos, este evangelio del Reino es el mensaje que Jesús dijo sería proclamado en los últimos días.

Y si estamos dando oídos a algo que no nos enfoca de manera firme en el camino al Reino de Dios, y si no estamos llegando a ser como Jesús en santidad y poder, nos estamos confundiendo y el conocimiento falso es un ídolo.

Dios es mayor que el conocimiento que tenemos de Él

Recuerde, es muy poco probable que todo lo que se nos ha enseñado desde que empezamos a aprender de Cristo sea de Cristo. No debemos permitir que las ideas que tenemos sobre Dios sean tan inalterables como Dios porque estamos en una transición, y hay mucho que aprender, volver a aprender y olvidar. El Señor quiere que estemos arraigados en Él no en nuestras ideas sobre Él. Debemos tener confianza suficiente en su amor como para ser capaces de desarraigar una idea equivocada; un ídolo es un ídolo.

El Reino de Dios no es una religión, es una relación siempre creciente e insaciable con Jesucristo. Es tan diferente de la religión como lo es un ángel brillante de un fantasma oscuro. Si usted cree que Dios es religioso, recuerde siempre: *no había religión en el Edén*. El único templo en el que Dios mora en la tierra es el templo del cuerpo humano. Juan es muy claro en el libro de Apocalipsis. Él dice sobre el cielo: "Y no vi en ella templo" (Apocalipsis 21:22).

El Padre no quiere que adoremos o sirvamos a algo tan pequeño que una mente humana, finita pudiera visualizar. Él es mayor que la visión que tenemos de Él. El conocimiento es importante pero es meramente simbólico; es solo un reflejo de la realidad, nunca la sustancia. Nuestros pensamientos son útiles pero no son abarcadores. Incluso Jesús dijo sobre la propia Biblia: "Escudriñad las Escrituras; porque a vosotros os parece que en ellas tenéis la vida eterna; y ellas son las que dan testimonio de mí; y no queréis venir a mí para que tengáis vida" (Juan 5:39–40).

Nuestra vida no viene de la Biblia, viene de Jesús. Aquellos que escribieron la Biblia lo hicieron para testificar de Él. Los profetas del Antiguo Testamento apuntaban a Él; los autores del Nuevo Testamento nos llevan a Él. *Si realmente entendiéramos lo que ellos escribieron, encontraríamos a quien ellos encontraron.*

Mire, no estamos buscando conocimiento, ¡estamos buscando a Dios! No tenemos sed de datos sino de plenitud

(Mateo 5:6). Dios es mayor que el conocimiento que el hombre tiene de Él. Si realmente nos hemos acercado al Dios viviente, nuestro conocimiento se parará humildemente a la sombra de la reverencia y el asombro.

El conocimiento nos informa que Dios es eterno pero "eterno" es solo una palabra para nosotros. ¿Qué calidad de vida tiene Él que los miles de millones de años en el largo círculo del tiempo tienen en Él tanto el comienzo como el fin? Nuestras doctrinas nos dicen que Él es el Creador pero ¿qué tipo de poder emana de Él que galaxias completas se crean con sus palabras y por decreto de su boca nuestra tierra rebosa de vida? Nosotros lo definimos como omnipresente y omnisciente, pero ¿puede usted describir con conocimiento cómo Él puede estar en todo lugar de una vez y cómo puede estar al tanto de nosotros enteramente, saber incluso el número de cabellos en nuestra cabeza?

Nuestras palabras sobre Él son infinitamente inadecuadas para describir su verdadera persona. De hecho, en comparación con las realidades eternas que nos aguardan, nuestros conocimiento no es sino leche de la cual nos alimentamos. En el mejor de los casos, nuestras doctrinas meramente apaciguan nuestras ansiedades y organizan nuestras creencias. Pero ante la realidad de su presencia, ¿no existe acaso una paz que sobrepasa el entendimiento y un amor que va más allá del conocimiento (Filipenses 4:7; Efesios 3:19)? ¿Cómo mediremos y definiremos lo que Pablo denomina como "las inescrutables riquezas de Cristo" (Efesios 3:8)?

Existe una diferencia entre buscar respuestas y buscar al

Señor. Existe una diferencia entre conocimiento intelectual de segunda mano y un encuentro de primera mano con el Dios Viviente. Dios debe ser tan real, tan completo y tan merecedor de nuestra atención como lo era el mundo cuando éramos pecadores.

Por lo tanto, el clamor de nuestros corazones debe ser: "¡Dejemos que Dios sea Dios! ¡Dejemos que Él sea para nosotros lo que realmente es!" El conocimiento adecuado es vital pero queremos algo más que conocimiento. Queremos que la presencia del Todopoderoso llene el vacío de nuestras doctrinas con sustancia, la sustancia de sí mismo.

Hay una historia acerca de San Agustín que pudiera ayudar a explicar lo que estoy diciendo. Agustín es considerado por muchos el más grande de los padres romanos y uno de los doctores más eminentes de la iglesia occidental. Sus escritos echaron los cimientos del pensamiento cristiano durante más de mil años. Sus obras extraordinarias incluyen *Confesiones* y *La ciudad de Dios*. Al final de su vida él yacía en su lecho de muerte rodeado de sus amigos más íntimos. Su respiración se detuvo, su corazón falló y un gran sentido de paz llenó la habitación cuando él se fue a estar con su Señor. De repente él volvió a abrir sus ojos; con el rostro demacrado que ahora estaba enrojecido e iluminado dijo: "*He visto al Señor. Todo lo que he escrito no es más que algo intrascendente*".

Quizá tengamos ideas, tal vez poseamos un conocimiento bíblico bastante preciso, quizá tengamos visiones y sueños, pero todo lo que creemos que sabemos no es más que intrascendente en comparación con la realidad verdadera de la presencia de Dios. El Señor es más grande, más maravilloso, más poderoso que la suma del conocimiento que todo el mundo tenga sobre Él. Él es Dios y " todo lo que quiso ha hecho" (Salmo 115:3).

¿Por qué centramos nuestros pensamientos y energía en el arrepentimiento de la idolatría? Porque, en el mismo lugar donde moran los ídolos del yo y el falso conocimiento, el Dios viviente ha escogido manifestar su presencia. El Dios verdadero y eterno no puede mezclarse con los dioses falsos de esta era. No podemos servir a dos señores. *No podemos tener su poder y santidad en nuestras vidas sin tenerlo a Él en nuestra vida.* Y si no somos transformados cada vez más a su imagen poderosa y santa, tal vez estemos sirviendo a un ídolo: el ídolo del falso conocimiento.

QUINTA PARTE

EL DULCE AROMA DEL FRUTO SANTO

❧

La santidad tiene algo atractivo, algo bellamente atractivo. Cuando buscamos la santidad, estamos buscando rodearnos del gozo del cielo. Vivir una vida santa es morar en la fuente de todo placer verdadero. Es experimentar la vida desde la perspectiva de Dios, disfrutar la vida como el propio Dios lo haría.

Capítulo 15

LA SANTIDAD ES UN ÁRBOL CARGADO DE FRUTOS MADUROS

Santidad es un atributo fundamental de Dios y la gloria, lustre y armonía de todas sus demás perfecciones.*

[SAMUEL FALLOWS]

La verdadera y la falsa santidad

MIENTRAS QUE LA palabra *santidad* significa "estar apartado, separar", una interpretación posible de la raíz hebrea de *santidad* es "ser brillante; limpio, nuevo o fresco; sin óxido". La santidad produce separación del pecado pero la mera separación del pecado no puede producir santidad. No es la ausencia de pecado lo que produce nuestra santificación; la santidad viene de la presencia de Dios. Tal vez usted evite "tocar lo inmundo", pero si no está unido mediante el amor a la paternidad de Dios, usted nunca

---

* Samuel Fallows, ed., *Popular and Critical Bible Encyclopedia and Scriptural Dictionary* (Chicago: Howard-Severance Company, 1910), 821.

conocerá la verdadera santidad, lo único que usted tiene es una religión. Cristo en nosotros es nuestra santidad, porque según la intimidad que tenga nuestra relación con Él, en ese grado reflejaremos su santidad.

Sin embargo, independientemente de lo que usted crea que es la santidad, recuerde esto: Jesús fue el hombre más santo que haya vivido jamás y no obstante, estuvo libre por completo de la religiosidad. ¿Qué es "religiosidad"?, es una actitud que hace énfasis en la forma y el ritual como la norma de justicia por encima de las actitudes del corazón. Los fariseos son un ejemplo de religiosidad.

Pero antes de que nos apresuremos a juzgar a los fariseos, un breve estudio de sus orígenes nos ayudará a evitar sus trampas. La secta de los fariseos se originó después de las guerras macabeas. Por lo tanto, para comprender a los fariseos necesitamos estar familiarizados con los macabeos. Los macabeos eran una familia de sacerdotes piadosos, leales a la ley mosaica quienes de manera vigorosa y exitosa lucharon contra las influencias paganas y la ocupación en Israel. Los fariseos eran los descendientes sacerdotales de los macabeos. Durante casi doscientos años sostuvieron los altos ideales macabeos de la separación del paganismo. De hecho su mismo nombre, *fariseo*, significa "los separados".

Hasta la época justo antes del nacimiento de Cristo, los fariseos eran típicamente los hombres más nobles de Israel. Eran justos, valientes y en ocasiones fueron martirizados por su fe. Eran los herederos forzosos del Reino de Dios.

Pero, como cualquier otra secta cuyo énfasis religioso

no está motivado por la compasión y el amor de Dios, el concepto de separación de los fariseos con el tiempo los volvió fríos y pretensiosos con relación a su prójimo. Aunque interactuaban superficialmente con el resto de la sociedad judía, sus costumbres y vestidos los mantenían distanciados de sus hermanos porque se consideraban a sí mismos demasiado santos como para involucrarse con los aspectos comunes de la vida diaria.

Con relación a ciertos aspectos de la ley, los fariseos guardaban el sábado, diezmaban incluso las hierbas de sus huertos y se ataban filacterias (cajas pequeñas con versículos de la Escritura) a la frente y las muñecas según el mandamiento mosaico más estricto (Deuteronomio 6:8). Creían en la resurrección, los ángeles y los espíritus (Hechos 23:8), y rechazaban la compañía de personas que parecían malas o inmorales. Sin embargo, los fariseos descuidaban los aspectos de más peso en la ley: justicia, misericordia y fidelidad (Mateo 23:23). Cuando Cristo nació, los fariseos se sentían orgullosos de su imagen y de los honores que les concedían como el clero.

Para ilustrar cuán satisfechos se habían vuelto consigo mismos los fariseos, consideremos el período de tiempo en que nació Cristo. Su indiferencia ante esta ocasión trascendental es un indicio de cuán distantes estaban de Dios y cómo no pensaban en otra cosa que en su religión.

¿Dónde estaban los fariseos cuando Cristo nació?

Un lucero brillante salió por el este y día tras día se acercaba más a Jerusalén. Al detenerse sobre la ciudad, una gran caravana que había seguido la estrella desde Caldea, entró a la ciudad. Pasaron por las puertas de Jerusalén los astrólogos más importantes de Caldea: los magos. Las Escrituras nos dicen: "Oyendo esto, el rey Herodes se turbó, y toda Jerusalén con él" (Mateo 2:3), especialmente ante el anuncio de los sabios: "¿Dónde está el rey de los judíos, que ha nacido? Porque su estrella hemos visto en el oriente, y venimos a adorarle" (v. 2).

La Biblia explica específicamente que Herodes preguntó a *todos* los jefes de los sacerdotes y escribas acerca del lugar de nacimiento del Mesías; fueron precisamente los fariseos quienes le informaron: "Belén". Cristo, la esperanza de Israel, de quien Moisés había escrito, nació. Los propios cielos confirmaban la ocasión con la aparición de la "estrella". Sin embargo, los fariseos no estaban interesados en investigar ¡a pesar de que Belén solo estaba a unas seis millas!

Los magos, quienes eran paganos por naturaleza, habían viajado más de 800 millas (1,287 Kms.) por el desierto, un viaje costoso y peligroso ¡para satisfacer su deseo de *adorar* (Mateo 2:2)! Los fariseos, por otra parte, quienes conocían las Escrituras y eran los herederos de la ley de Moisés, no mostraron ningún interés y no enviaron ninguna delegación aunque ellos podían haber caminado hasta el lugar donde Jesús nació en menos de tres horas.

Qué inconmovibles los fariseos en su actitud. ¡Cuán atrevidamente se resistían al Espíritu de Dios! Enérgicamente se aferraban a su tradición; con cuánto cuidado mantenían su imagen. Analícelo, la noche en que ellos crucificaron a Cristo, se negaron a entrar al pretorio romano "para no contaminarse" (Juan 18:28). ¡Cumplieron con los detalles de la ley mientras crucificaban al dador de la ley!!

Esta era su religiosidad, se aferraban más fuertemente a sus doctrinas que a Dios. Les gustaban más las alabanzas audibles de los hombres que la aprobación del Todopoderoso. Suponían que conocer las Escrituras tenía tanto valor como vivirlas. En pocas palabras, *actuaban como muchos cristianos actúan en la actualidad: les preocupa más la religión que seguir a Jesús verdaderamente.*

Así que, antes de que juzguemos tan duramente a los fariseos, examinémonos a nosotros mismos: ¿qué diferencia tenemos en cuanto a justicia, misericordia y fidelidad? ¿Cuán compasivos somos al ocuparnos de los necesitados y entregarnos para ver a los pecadores cambiados? De hecho Jesús advirtió que, a menos que nuestra justicia exceda a la de los fariseos, no podemos entrar al reino de los cielos (Mateo 5:20).

La naturaleza del Espíritu Santo

Jesús no quiere que nos volvamos tan religiosos que nos perdamos a Dios. La virtud y el poder de Cristo provenían del Espíritu *Santo*, no de un espíritu *religioso*. Fue el fruto del Espíritu Santo lo que el Padre coronó con poder. *El amor sanó cuerpos quebrantados. La paz echó fuera espíritus atormentadores. El gozo liberó a los cautivos del pecado.*

Jesús dijo: "por el fruto se conoce el árbol" (Mateo 12:33). ¿Jesús estaba hablando de botánica? Claro que no. Más bien estaba hablando con referencia a la naturaleza básica de una cosa. Si usted quiere saber si sus doctrinas son buenas, examine el fruto que producen en su vida. El Espíritu Santo en la vida de un creyente debe producir una vida santa.

Pero, ¿cómo es una vida santa? Las Escrituras nos dicen: "Mas el fruto del Espíritu es amor, gozo, paz, paciencia, benignidad, bondad, fe, mansedumbre, templanza; contra tales cosas no hay ley" (Gálatas 5:22–23). Por lo tanto, así como un árbol se conoce por su fruto, también la naturaleza del Espíritu Santo se revela, o es conocida, por su fruto. Si usted cree que está andando en el Espíritu Santo, con discernimiento, dones, pero le faltan el amor, el gozo y la paz del Espíritu Santo, tal vez usted solo esté caminando en un falso espíritu religioso. Si usted puede observar cuán "santo" se está volviendo, usted no está volviéndose santo, está volviéndose religioso. La santidad no se nota a sí misma. La santidad es un árbol cargado del fruto espiritual, un árbol arraigado en la presencia de Dios.

De hecho, mientras que la religión sigue provocando divisiones y luchas, la santidad, es decir, la naturaleza vital de Dios, saca a la luz frutos, sanidad y unidad. ¡Cuánto necesitamos la verdadera santidad! Porque hoy día vivimos en un mundo donde la iglesias están separadas de las iglesia y los creyentes de otros creyentes. Si el Espíritu Santo gobernara realmente, haría arrepentimiento, sanidad, restauración y amor. Habría milagros verdaderos y duraderos.

La separación que vemos en el cristianismo actual es mala. Es un pecado del que hay que arrepentirse antes de que Jesús regrese. Es religiosa. Debiera existir solo una iglesia en cada comunidad, una iglesia multifacética que, aunque se reúna en edificios diferentes, esté unida en Espíritu y amor de los unos por los otros. Y entonces habría otro grupo, una falsa iglesia, constituida por grupos aislados de personas que suponen que solo ellos tienen la razón y quienes se llaman a sí mismos "los separados" y que nunca se percatan de que ese es el nombre de los fariseos.

Recuerde esto: el dios de la religión es ella misma. Jesús nunca dijo que seríamos "la denominación del mundo", una "secta asentada sobre un monte". No. Él dijo que debíamos ser "la luz del mundo; una ciudad [comunidad] asentada sobre un monte" (Mateo 5:14). Cuando usted sea santo, le preocuparán más las personas que la religión; usted reflejará la compasión de su Rey.

Capítulo 16

El poder transformador de la verdadera santidad

Uno de los versículos más comunes del Nuevo Testamento dice: "Y le siguieron grandes multitudes". Solo el evangelio Mateo menciona más de veinte casos cuando grandes números de personas viajaban largas distancias para estar con Cristo. Las personas veían en Jesús mansedumbre, poder ilimitado y amor perfecto. Si vamos a ganar almas, las personas deben ver en nosotros a este mismo Jesús.

Cuando la gente veía a Jesús

Y Jesús, llamando a sus discípulos, dijo: Tengo compasión de la gente, porque ya hace tres días que están conmigo, y no tienen qué comer; y enviarlos en ayunas no quiero, no sea que desmayen en el camino.

—Mateo 15:32

Hubo dos ocasiones en las que Jesús alimentó a las multitudes. El primer evento tuvo lugar en una región desolada del desierto de Judea y duró un día. Durante el segundo evento, las multitudes llevaban tres días con Jesús, sin comer, en la ladera de una montaña cerca del mar de Galilea.

¡El impacto que Cristo tuvo en la comunidad judía local no tuvo precedentes! Toda la economía de ellos se detuvo. Nadie recogió ni vendió vegetales en los mercados, no se ordeñaron las cabras, los huertos quedaron desatendidos ¡y los familiares que cuidaban de los niños pequeños no sabían cuándo regresarían los padres! Durante tres días no hubo nada normal.

Estas comunidades locales lo dejaron todo cuando escucharon que Jesús estaba cerca. Sin reflexión previa, sin empacar un burro, sin hacer cosas como llevar comida extra o decirles a los que se quedaron en casa cuándo regresarían, cuatro mil hombres además de los miles de mujeres y niños adicionales, siguieron espontáneamente a Cristo a un "lugar desolado". Tal vez unas diez mil personas o más salieron de sus aldeas pero no se nos dice que nadie se quejara porque el servicio fue demasiado largo, había mucho calor o porque el mensaje fuera aburrido. *Cualquier cosa que les faltara en comodidad y conveniencia quedó eclipsada por la gloria de estar con el Hijo de Dios.*

¡Qué maravilloso debe haber sido estar con Jesús! La primera vez que Cristo alimentó a las multitudes estas estaban tan consternadas que conspiraron "para apoderarse de Él y hacerle rey" (Juan 6:15).

Así era Jesús. Pero hay un problema con muchos de

nosotros. Hay personas que no lo conocen realmente y buscan representarlo a Él ante otros. Y en lugar de dar testimonio de sus obras maravillosas, solo testifican de su religión. Los que no son salvos no ven a Jesús. Oye hablar de la iglesia, les dicen que el pecado es malo, que la lujuria es malvada y que las borracheras son una vergüenza terrible, pero no ven el amor de Jesús. Sí, esas cosas son malas, pero *las personas deben conocer el amor de Jesús antes de que abandonen su amor por el pecado.*

Jesús, claramente, mandó a un grupo de personas que guardaran silencio con relación a sí mismo. Hubo algunos a quienes les dijo: "Mira, no lo digas a nadie" (Mateo 8:4, también 9:30; 12:16). A otros les prohibió categóricamente que hablaran a pesar de que lo que hablaban eran verdad (Marcos 3:11–12). Aún a otros les advirtió que harían grandes obras pero ni los envió ni les habló, ni si quiera los conoció (Mateo 7:22–23). De hecho están aquellos de quienes Él dijo que su celo por los convertidos los lleva por "mar y tierra", sin embargo sus prosélitos se vuelven "dos veces más hijo[s] del infierno" (Mateo 23:15). Nuestra meta no es desanimar a nadie para que no testifique sino hacernos comprender que nuestras *actitudes* y *obras* son el testimonio que será "conocid[o] y leíd[o] por todos los hombres" (2 Corintios 3:2). Un "testimonio" no es solo lo que se "dice" sino también lo que se "ve". *Si vamos a acercar los hombres a Cristo en el cielo, estos deben ser testigos oculares de Cristo en nosotros.* Pero si tenemos un pecado evidente o mostramos justicia propia, nuestro testimonio es ineficaz.

Deje que su luz brille

La luz, en las Escrituras, simboliza la pureza irradiante del Dios santo. Cuando nuestros corazones y acciones subsiguientes son puros, la luz de la presencia de Dios brilla a través de nosotros en este mundo. Es con este pecado en mente que Jesús nos dice que dejemos que nuestra luz brille delante de los hombres para que estos puedan ver nuestras buenas obras y glorificar al Padre (Mateo 5:16).

Si las buenas obras glorifican al Padre, entonces las malas obras le deshonran. Pablo nos dice que "el nombre de Dios es blasfemado entre los gentiles" debido a los pecados de aquellos que no lo representan bien (Romanos 2:24).

El rey David fue un gran testigo del Dios viviente para su generación, pero cuando David pecó, su testimonio se convirtió en un reproche. En el Salmo 51 la oración de David revela las actitudes correctas que se necesitan para ser un verdadero testigo de Dios. Él oró: "Crea en mí, oh Dios, un corazón limpio, Y renueva un espíritu recto dentro de mí *Entonces* enseñaré a los transgresores tus caminos, Y los pecadores se convertirán a ti" (Salmo 51:10, 13, cursivas del autor).

Mire, la credibilidad de nuestro testimonio se pierde cuando el pecado gobierna nuestras vidas. El mundo ha oído a demasiados cristianos dar testimonio de una vida que no están viviendo. Hacen que multitudes de personas piensen que el cristianismo no funciona.

Cómo saber cuándo testificar

Sino santificad a Dios el Señor en vuestros corazones, y estad siempre preparados para presentar defensa con mansedumbre y reverencia ante todo el que os demande razón de la esperanza que hay en vosotros.

—1 PEDRO 3:15

A muchos cristianos se les dice que testifiquen de Jesús. Repito, no queremos convencerle de que testifique de Jesús; ¡más bien queremos *animarle* a que también viva por Él! *Deje que la gente lo vea a Él en usted antes de testificar.* Hay cristianos que públicamente pecan en su trabajo: pierden los estribos y hacen un mal trabajo; a menudo llegan tarde o se les oye quejarse de la administración y de las condiciones de trabajo. Sin embargo, se sienten obligados a dar su testimonio. "Profesan conocer a Dios, pero con los hechos lo niegan" (Tito 1:16). Una "voz" en sus mentes les impulsa a "testificar de Jesús". A veces esa voz es el Espíritu Santo, pero con mayor frecuencia no lo es. Sin dejarse intimidar están seguros de que viene del cielo porque se sienten "culpables" hasta que no lo hacen y "bien" después de hacerlo.

Existe una manera segura de saber si la "voz" que le insta a testificar viene de Dios: si la voz que le habla es la voz *audible* de alguien que ha visto sus buenas obras y le está preguntando por su manera de vivir, esa voz ha sido inspirada por Dios. Cuando las personas vean a Cristo en usted: en su paciencia cuando le hacen mal, su paz en la adversidad, su perdón en medio de la crueldad, le preguntarán sobre su esperanza.

La semilla de la reproducción está en su fruto

Si su conversión es genuina, encontró un amor por Jesús que es, en sí mismo, un testigo de su vida. Lamentablemente muy a menudo buscamos llevar a las personas a nuestra religión y no a Cristo. Muchas veces buscamos convertir a nuestra familia y amigos a la estructura de una iglesia en particular. Las personas deben ser llevadas a Jesús y no meramente a una iglesia.

Recordemos siempre que Jesús quiere alcanzar a las personas y no alejarlas. ¿Cómo espera Dios que hagamos eso? Primero, asegurémonos de que nuestra conversión sea real, que realmente hayamos entregado nuestras vidas a Jesucristo. Luego decida llevar el fruto espiritual del amor y la humildad en su vida.

En el Edén el Señor colocó árboles con semillas en su fruto. *Recuerde esto siempre: el poder de reproducir la vida está en el fruto.* Y para que un fruto sea comestible, debe estar maduro y dulce. El fruto que nosotros debemos mostrar viene del árbol de la vida, que produce "la sanidad de las naciones" (Apocalipsis 22:2). No está en el árbol del conocimiento del bien y el mal, leyes legalistas que juzgan lo que hay de malo en las personas.

Si usted quisiera ver la experiencia de la realidad de Dios reproducida en sus seres queridos o en sus amigos, camine en el fruto del Espíritu. *El poder de la reproducción está en la semilla, y la semilla está en el fruto.*

Y si usted peca o tropieza delante de ellos, lo que nos pasa a todos en ocasiones, arrepiéntase ante Dios y antes aquellos contra quienes pecó. ¡Un arrepentimiento sincero es una señal cierta para una persona no salva de que Dios es real y que tiene el control de su vida!

Padres, ¿ustedes quieren hijos criados para Cristo? ¿Quieren que sus palabras impartan vida eterna? Caminen en el fruto del Espíritu Santo. Así como el fruto de su vida alimenta a sus hijos, las semillas de ese fruto reproducirán en su familia las mismas cualidades. ¿Le gustaría convertir a su cónyuge? ¿Sus padres? ¿Sus amigos? Camine en el fruto del Espíritu, en amor, gozo, paz, paciencia y bondad. Su vida resultará muy atractiva a los que le conozcan porque mediante su vida verán la vida santa de Jesús.

Capítulo 17

El camino de la santidad

¿Por qué pensamos que la santidad está tan llena de tristeza? La imagen de una vida santa rodeada de reglas estrictas y sin alegría que rodean a la vida santa no concuerda ni con la Palabra ni con la naturaleza de Dios. Dios es amor. Una vida santa es una vida plagada de amor, impulsada por el amor y llena de amor.

El poder y el gozo del amor

A LA MAYORÍA DE nosotros nos asusta vivir en el estado expuesto y vulnerable que requiere el amor. Como cristianos hablamos del amor mucho más a menudo de lo que lo vivimos, pero el amor real es atrevido, es emocionante. Conquista al mal de manera atrevida, luego sana y reúne con Dios a aquellos a quienes ama. Es agresivo.

El estado de amor que nos asusta es ese escenario transitorio en el que estamos aprendiendo a perdonar. Ese es el aspecto del amor que hiere y su herida se agranda con nuestra reticencia a perdonar. Nosotros, como Jesús, debemos vivir en una actitud continua de perdón; entonces podemos entrar al gozo y el poder del amor agresivo.

El amor de Dios no solo es perdonador, también da vida. Al vencer la amargura y salir del foso de la falta de perdón, de repente somos tan valientes como un león. ¡El amor pasa de ser un mandamiento a convertirse en una aventura!

Lo mismo pasa con el gozo. ¡El gozo que viene mediante el Espíritu Santo es un gozo que realmente se convierte en nuestra fortaleza! El estado empobrecido y encarcelado de este mundo nos ha engañado al hacernos pensar que una vida con Dios es solo una vida de dolor. Jesús comparó su ministerio con alguien que toca la flauta (Mateo 11:17). Él dijo que su mensaje de gracia y del reino de Dios, cuando se escucha adecuadamente, ¡debiera hacer que los hombres "danzaran" para celebrar!

Es verdad que Jesús sufrió al llevar nuestros pecados y que hubo ocasiones de gran seriedad cuando Él hablaba. Pero hubo muchas otras ocasiones cuando Él mostró gran alegría. Las Escrituras nos dicen que Jesús "se regocijó en el Espíritu" cuando sus discípulos regresaron de un tiempo poderoso de evangelismo (Lucas 10:21). ¿Cómo se imagina usted a Jesús regocijándose? La palabra *regocijarse* que se usó aquí significaba "saltar mucho de gozo". ¡Jesús, el Rey, saltaba de gozo!

Isaías nos habla del camino a la santidad. En ninguna parte de los versículos vemos la tristeza que el infierno pronostica para los piadosos.

Y habrá allí calzada y camino, y será llamado Camino de Santidad; no pasará inmundo por Él, sino que Él mismo estará con ellos; el que anduviere en este camino, por torpe que sea, no se extraviará. No habrá allí león, ni fiera subirá por Él, ni allí se hallará, para que caminen los redimidos. Y los redimidos de Jehová volverán, y vendrán a Sion con alegría; y gozo perpetuo será sobre sus cabezas; y tendrán gozo y alegría, y huirán la tristeza y el gemido.

—Isaías 35:8–10

¡Contemple el camino de la santidad! ¡La tristeza y el gemido huirán! El camino a la santidad es el camino a *Dios*, no a la religión. ¡Es un camino de vida en el que se eliminan de nuestra existencia todos los juicios, las consecuencias negativas y los problemas de una vida pecaminosa y sucia, aquellas cosas que producen muerte en nuestro mundo! Aquí no se encontrará nada inmundo ningún león ni ninguna fiera. *Gran parte de la guerra espiritual que se alimentó de nuestra ignorancia, incredulidad y pecado sencillamente no existirá para los santos.*

¿Qué les aguarda a los que caminan hacia la santidad? Es el conocimiento maravilloso y experimentado de que somos "redimidos y rescatados". ¿Qué actitud llena nuestros corazones? Tres expresiones de gozo aguardan a los santos de Dios: "vendrán con alegría", "gozo perpetuo será sobre sus cabezas" y "tendrán gozo y alegría".

Satanás quiere que creamos que el cielo es tan sombrío como el infierno. Al abrazar la santidad y caminar en ella, al tratar de vivir vidas consagradas de mente y corazón a Dios, y separados de las lujurias del mundo, el Señor nos corona con un gozo imperecedero. No con tristeza, ¡con gozo! No con un gozo "temporal" sino con un gozo perpetuo, no con un gozo "de domingo en la mañana", ¡sino un gozo *constante, eterno*!

Esto no es un sentido piadoso de religiosidad, es una vida abundante. ¡Ellos "tendrán perpetuo gozo" (Isaías 61:7)! Este es el resultado final de la santidad. Es la cercanía a Dios, ¡es un gozo que merita la pena gritarse y está lleno de gloria!

SEXTA PARTE

EL BRILLO DE LA SANTIDAD

෨

El libro de los Salmos nos dice que Dios "se cubre de luz como de vestidura" (Salmo 104:2). El apóstol Juan declara: "Dios es luz" (1 Juan 1:5). Y Santiago se refiere al Padre como "Padre de las luces" (Santiago 1:17). Usted y yo somos "las luces" que Dios ha engendrado. Somos hijos de Dios y como tal, la luz de su presencia brilla en nosotros. A medida que nuestros corazones son purificados por la verdad, el esplendor de la gloria de Dios se expande a nuestro alrededor y, al igual que nuestro Padre, nosotros también nos cubrimos "de luz como de vestidura".

Capítulo 18

Un lugar para su reposo

En el Reino no hay grandes hombres de Dios, solo hombres humildes a quienes Dios ha escogido para usar grandemente. ¿Cómo sabes cuándo somos humildes? Cuando Dios habla, nosotros temblamos. Dios está buscando un hombre que tiemble ante sus palabras. Un hombre así encontrará el Espíritu de Dios descansando sobre él, se convertirá en una morada para el Todopoderoso.

Entrar al reposo de Dios

Jehová dijo así: El cielo es mi trono, y la tierra estrado de mis pies; ¿dónde está la casa que me habréis de edificar, y dónde el lugar de mi reposo?

—Isaías 66:1

DIOS NO PIDE más nada que nosotros mismos. Los hermosos edificios de nuestras iglesias, nuestro hábil profesionalismo, todo eso es prácticamente inútil para Dios. Él no quiere lo que nosotros tenemos, Él quiere lo que somos.

Él busca crear en nuestros corazones un santuario para sí mismo, un lugar donde Él pueda reposar.

En las Escrituras a este *reposo* se le llama "reposo sagrado" (Hebreos 4:9, LBLA). Sin embargo, no proviene de guardar el sábado porque los judíos guardaban el sábado pero nunca entraron al reposo de Dios. El libro de Hebreos es claro: Josué no les dio reposo a los israelitas (vv. 7–8). Y luego de un período tan largo de guardar el sábado, la Escritura continúa: "Por tanto, queda un reposo para el pueblo de Dios" (v. 9).

Entonces debe hacerse la pregunta: "¿qué es este reposo?" Exploremos Génesis en busca de una respuesta. "Y bendijo Dios al día séptimo, y lo santificó, porque en él reposó de toda la obra que había hecho en la creación" (Génesis 2:3). Antes de que Dios descansara el sábado, el séptimo día no tenía nada de especial o santo. Si el Señor hubiera descansado en el tercer día, entonces este hubiera sido santo. *El descanso no está en el sábado; está en Dios.* El descanso es una cualidad predominante de su plenitud.

Apocalipsis 4:6 describe el trono de Dios como si tuviera delante "un mar de vidrio semejante al cristal". Un mar de vidrio es un mar sin olas ni ondas, un símbolo de la calma imperturbable de Dios. Comprendamos este punto: *el sábado no era una fuente de descanso para Dios; Él era la fuente de descanso para el sábado.* Como está escrito: "No desfallece, ni se fatiga con cansancio" (Isaías 40:28). Y al igual que el sábado se volvió santo cuando Dios descansó en él, también nosotros nos volvemos santos al dejar a un lado el pecado mientras la plenitud de Dios se establece y reposa en nosotros.

En nuestro estudio no estamos asociando el reposo de Dios simplemente con la sensación de ser rehechos o rejuvenecidos, algo que obviamente necesitamos y asociamos con el descanso humano. El reposo que buscamos no es el rejuvenecimiento de nuestra energía, es el *intercambio* de energía: nuestra vida por la de Dios, mediante el cual el vaso de nuestra humanidad se llena con la presencia divina y la completa suficiencia del propio Cristo.

Envueltos e impregnados de Dios

La palabra hebrea para *reposo* es *nuach*; entre otras cosas significa "descansar, permanecer, estar tranquilo". También indica un "desarrollo completo y por ende impregnación", como cuando el espíritu de Elías "reposó" sobre Eliseo, o cuando la sabiduría "descansa en el corazón de aquel que tiene entendimiento". Dios no está buscando un lugar donde simplemente pueda cejar en sus afanes con los hombres. Él busca una relación en la que pueda "envolver por completo y por lo tanto impregnar" cada dimensión de nuestras vidas, donde Él pueda habitar, permanecer y estar tranquilo dentro de nosotros.

Cuando el descanso de Dios mora en nosotros, vivimos en unión con Jesús de la misma manera en que Él vivió en unión con el Padre (Juan 10:14—15). Los pensamientos de Cristo estaban "completamente envueltos y por tanto impregnados" de la presencia de Dios. Él solo hizo aquellas cosas que vio hacer y escuchó de su Padre. Él declaró: "el Padre que mora en mí, Él hace las obras" (Juan 14:10). *Hay descanso porque es Cristo obrando a través de nosotros.* Jesús nos promete: "Si algo pidiereis en mi nombre, yo lo haré" (v. 14). ¡Qué vano pensar que podemos hacer milagros, amar a nuestros enemigos o hacer cualquier de las obras de Dios sin que Cristo las haga a través de nosotros!

Fue por esto que Jesús dijo: "Venid a mí y yo os haré descansar" (Mateo 11:28). En un barco azotado por una tormenta en el mar de Galilea, los discípulos de Cristo vinieron a Él aterrorizados. Sus gritos eran los de hombres a punto de morir. Jesús reprendió a la tormenta e inmediatamente "se hizo grande bonanza" en el viento y el mar (Mateo 8:26). ¿Qué programa, qué título de profesionalismo ministerial pudiera compararse con la vida y el poder que recibimos a través de Él?

Mire, nuestros esfuerzos, independientemente de cuánto nos gastemos, no pueden producir el reposo ni la vida de Dios. *Tenemos que ir a Él.* Muchos líderes han trabajado hasta el agotamiento prácticamente en busca de servir a Dios. Si pasaran la mitad de su tiempo *con Él*, en oración y esperando delante de Él, descubrirían su compañía sobrenatural obrando poderosamente en sus esfuerzos. Se convertirían en pasajeros del vehículo de su voluntad, un vehículo del cual Él mismo es tanto capitán como navegante.

Deje de esforzarse, conozca y luego obedezca

Entrar en el reposo de Dios requiere que moremos en total rendición a su voluntad, que confiemos plenamente en su poder. Aprendemos a reposar de nuestras obras "como Dios de las suyas" (Hebreos 4:10). "Reposar de nuestras obras" no significa que dejamos de trabajar, significa que dejamos la obra afanosa de la carne y el pecado. Significa que hemos entrado en las obras eternas que Él provoca a través de nosotros.

La fe hace descansar a la confusión causada por la incredulidad. El amor elimina la lucha arraigada en la falta de perdón. Mediante la confianza él paraliza nuestros pensamientos temerosos; su sabiduría responde nuestras muchas preguntas. Así es la mente que ha entrado en el reposo de Dios.

La iglesia necesita poseer el conocimiento del camino de Dios porque así entramos a su reposo (Hebreos 3:8–12). Adquirimos gran conocimiento mediante la obediencia a la Palabra de Dios durante los conflictos. Al obedecer a Dios a través de las pruebas de la vida, aprendemos a lidiar con las situaciones como Dios lo haría. Por consiguiente, es de sumo valor escuchar lo que Dios nos dice, y especialmente cuando la vida parece ser un desierto de pruebas y dificultades.

> Por lo cual, como dice el Espíritu Santo: Si oyereis hoy su voz, No endurezcáis vuestros corazones, Como en la provocación, en el día de la tentación en el desierto A causa de lo cual me disgusté contra esa generación, Y

dije: Siempre andan vagando en su corazón, Y no han conocido mis caminos. Por tanto, juré en mi ira: No entrarán en mi reposo."

—HEBREOS 3:7–8, 10–11

Él dice: "Siempre andan vagando en su corazón, Y no han conocido mis caminos. No entrarán en mi reposo". Entendamos: *Conocer los caminos de Dios lleva a su descanso.*

Debemos ver que no existe descanso en un corazón endurecido. No hay descanso cuando nos rebelamos contra Dios. Nuestro descanso proviene de ser honestos con relación a nuestras necesidades y dejar que Cristo nos cambie.

Por eso Jesús dijo: "aprended de mí y hallaréis descanso para vuestras almas" (Mateo 11:29). Deje de luchar con Dios y aprenda de Él. Deje que su Palabra acabe con los tormentos de la naturaleza pecaminosa. Deje de luchar, deje de batallar contra el Bienaventurado. ¡Confíe en Él! Al final su Palabra saqueará las defensas de su corazón. Comprométase con su entrega. Con el tiempo Él dejará de usar la adversidad para llegar a su corazón porque usted se deleitará en ser vulnerable a Él. Siga cediendo de manera diligente hasta que el susurro de Él produzca un dulce temblor en su alma. Un hombre entregado al Espíritu de Dios es mucho más precioso que los hombres de cien naciones. Este hombre es el tabernáculo de Dios, aquel a quien Dios mira y con quien Él está complacido.

Él dice: "El cielo es mi trono, y la tierra estrado de mis

pies; ¿dónde está la casa que me habréis de edificar, y dónde el lugar de mi reposo? Mi mano hizo todas estas cosas, y así todas estas cosas fueron" (Isaías 66:1–2). Sin embargo, por increíble que parezca, un hombre con un corazón de calidad, atrapa la atención y la promesa de Dios. "pero miraré a aquel que es pobre y humilde de espíritu, y que tiembla a mi palabra" (v. 2).

Dios mira al hombre que tiembla cuando Él habla porque en él el poder del Altísimo puede, sin luchar, morar en perfecta paz. Él ha aprendido los caminos de Dios; él se deleita en obediencia. Él ha escogido dar a Dios lo que Él pida: nada menos que todo lo que él es. A cambio, este hombre se convierte en un lugar, un lugar santo, donde Dios mismo puede descansar.

Capítulo 19

LA LÁMPARA
RESPLANDECIENTE
DE LA SANTIDAD

Cuando la verdadera santidad existe en la vida de un cristiano produce luminosidad, un brillo alrededor de esa persona. Los bebés y los niños pequeños, ya que sus espíritus todavía son puros y no se han contaminado, y porque están tan cerca de la verdadera presencia de Dios, también emanan esta luz. Su luz es visible porque sus corazones son transparentes y veraces. Para nosotros el camino a la lámpara resplandeciente de la santidad es el mismo que el de la transparencia y la verdad. Es el camino al oro puro del reino de Dios.

Cuando su ojo es bueno

A PARTIR DEL MOMENTO en que Cristo entra en nosotros, somos santos, separados para Dios. Este tipo de santidad es la misma santificación que hacía que los utensilios del templo fueran santos: santos porque se usaban en el servicio para el Señor. No tenían virtud en sí mismos, su composición material no cambiaba. El cristianismo, en general, es santo en ese sentido. Pero la santidad que estamos buscando es el *cumplimiento* de haber sido apartados. Estamos buscando una santidad que refleja, a través de nosotros, la presencia de Dios en el cielo. Estamos buscando tanto su naturaleza como su calidad de vida.

Ya que la verdadera santidad produce en nosotros la verdadera vida del Espíritu Santo, debemos estar seguros de saber quién es el Espíritu. El Espíritu de Dios es amor, no religión. Dios es vida, no rituales. El Espíritu Santo hace más en nosotros que sencillamente permitirnos "hablar en lenguas" o testificar. *El Espíritu nos lleva a la presencia de Jesús*. Aquí se recibe nuestra santidad: en nuestra unión y comunión con Jesucristo.

Repito, la santidad que estamos buscando no es un grupo de reglas legalistas o legislativas; es la calidad de vida del mismo Cristo. El Espíritu Santo produce en nosotros no solamente un nuevo deseo de amar sino que nos imparte el mismo amor de Cristo. Desarrollamos más que una fe general en Jesús, en realidad comenzamos a creer *como* Jesús, con *su* calidad de fe. Es *Dios en nosotros* que nos hace santos. Deje que nos sacuda, que nos remueva de nuestras cómodas perchas hasta que, con gran temblor y gran gozo, con una profunda adoración y un temor santo, nos acerquemos a la divina realidad que nos ha llamado a sí misma, de su propia voluntad y para su mismo propósito.

"¿No sabéis que sois templo de Dios, y que el Espíritu

de Dios mora en vosotros?" (1 Corintios 3:16). El Espíritu de Dios mora en nosotros. Con esto en mente hagámonos nuevamente esta antigua pregunta: "¿Qué es el hombre?" Sabemos cómo nos ven otros hombres, pero si Dios realmente está dentro de nosotros, ¿cómo nos ven los ángeles o los demonios? ¿Qué luz nos marca en el mundo espiritual, qué iluminación nos rodea, qué gloria declara al reino invisible: "Miren y tengan cuidado, aquí camina un hijo de Dios"? Piénselo: el Espíritu del Creador, quien al principio planeó hacer al hombre a su imagen, está en usted ahora.

Santidad es un cuerpo lleno de luz

Existen limitaciones. Existen condiciones. Usted no puede servir a dos maestros. Usted no puede servir a la luz y a las tinieblas, al pecado y a la justicia, a sí mismo y a Dios. La luz está en usted, pero también lo están las tinieblas. Nuestro mundo es un mundo en tinieblas. Nuestros ancestros fueron hijos de las tinieblas. Nuestras mentes carnales todavía son escenarios de oscuridad. En un mundo de decisiones debemos escoger la luz. Es por eso que Jesús nos enseño que debemos tener un solo propósito si vamos a convertirnos en hijos maduros de la luz. Él dijo: "La lámpara del cuerpo es el ojo; cuando tu ojo es bueno, también todo tu cuerpo está lleno de luz; pero cuando tu ojo es maligno, también tu cuerpo está en tinieblas" (Lucas 11:34).

Si usted está enfocado en que su voluntad y su mente estén en Dios, su cuerpo está lleno de luz y usted está dando completa expresión a la gloria de Dios en usted. Pero si usted es de doble ánimo, si piensa demasiado en cosas pecaminosas o malas, su luz disminuye proporcionalmente hasta que su propio cuerpo se llena de oscuridad. Jesús continúa advirtiendo: "Mira pues, no suceda que la luz que en ti hay, sea tinieblas" (v. 35).

Si usted no hace nada con respecto a su salvación, si no busca a Dios o si escoge desobedecerle, usted está en tinieblas. No se consuele con una esperanza sin rumbo de que un día, de alguna manera, mejorará. ¡Ármese de determinación! Porque si la luz en usted es tinieblas, qué terrible es esa oscuridad. Hijo de luz, ¡usted tiene que *odiar* la oscuridad! Porque la oscuridad es la esencia del infierno, es el mundo sin Dios.

Pero nuestra esperanza es luz, no oscuridad. Sus pies caminan por el camino de los justos, el camino que se hace cada vez más brillante. "Así que, si todo tu cuerpo está lleno de luz, no teniendo parte alguna de tinieblas, será todo luminoso, como cuando una lámpara te alumbra con su resplandor" (v. 36). Este versículo da una imagen muy clara de cómo es la santidad en su madurez: nuestros cuerpos son luminosos como cuando una lámpara brilla con todo su resplandor. Qué tremenda esperanza, que podamos estar tan completamente iluminados por la presencia de Dios que no haya "parte alguna de tinieblas" en nosotros. Una vestidura de luz y gloria aguarda a los que son maduros espiritualmente, los santos de Dios; una vestidura similar a lo que Jesús usó en el monte de la transfiguración. Un esplendor no solo para llevarlo en la eternidad sino para usarlo aquí, "en medio de una generación maligna y perversa"; aquí, donde nosotros "[resplandecemos] como luminares en el mundo" (Filipenses 2:15).

"Porque en otro tiempo erais tinieblas, mas ahora sois luz en el Señor; andad como hijos de luz" (Efesios 5:8). *Ahora usted es un hijo de luz*. Esto no es una metáfora. La gloria de Dios está en usted y a su alrededor; ¡es una realidad espiritual! Pero, ¿y qué de la oscuridad que todavía permanece en usted? Pabló continúa diciendo:

> No tengan nada que ver con las obras infructuosas de la oscuridad, sino más bien denúncienlas Pero todo lo que la luz pone al descubierto se hace visible.
> —Efesios 5:11, 13 (nvi)

No esconda su oscuridad, denúnciela. No la justifique con compasión; confiésela. Detéstela. Renuncie a esta. Porque mientras que la oscuridad permanezca en oscuridad, le gobernará; pero cuando usted saque la oscuridad a la luz, esta se vuelve luz. Cuando usted toma sus pecados ocultos y audazmente se presenta ante el trono de la gracia de Dios y los confiesa, Él le limpia de toda injusticia (1 Juan 1:9). Si usted vuelve a pecar, arrepiéntase otra vez. Y una vez más, hasta que el hábito del pecado se rompa dentro de usted.

Como los exploradores de antaño, usted tiene que estacar su derecho bien alto en el reino de Dios, estar listo para defender sus derechos al "oro refinado" del cielo (Apocalipsis 3:18). Y mientras usted arme su tienda en el trono de la gracia, algo eterno comenzará a resplandecer en usted, como carbones ardientes en un horno. Y a medida que usted insista al Todopoderoso, el fuego sagrado de su presencia consumirá la madera, el heno y los rastrojos de sus antiguos caminos. En su ser interior habitará un poder como aquel que Jesús tuvo. Los ángeles contemplarán sobrecogidos porque su oro será refinado, sus vestimentas serán luz y su vida será santa.

Capítulo 20

EL CAMINO AL LUGAR SANTO

En las crónicas de la restauración de la iglesia será señalado un tiempo en el que los santos dejaron de estar satisfechos con los cantos de sus servicios, un tiempo en el que los anhelos más profundos de sus corazones ascendieron más allá de los sonidos de los gritos y las palmadas, un tiempo de transición cuando la alabanza puro comenzó a llevarlos a la real presencia de Dios.

Somos el templo de Dios

ESTE MENSAJE ES un estudio breve del libro de Hebreos. Con excepción de algunos capítulos, el mensaje central de Hebreos ha sido un misterio para la mayoría de los cristianos del siglo veinte. Es así porque el mismo fue escrito originalmente para "los hebreos", personas que estaban familiarizadas con el tabernáculo de Dios y el significado de la presencia divina en el atrio interior del tabernáculo. Vamos a explorar las similitudes entre los atrios interior y exterior del tabernáculo hebreo y el "atrio interior y el exterior" del tabernáculo del Nuevo Testamento: *el discípulo lleno del Espíritu*. Ambos tienen un lugar sagrado que fue creado para la presencia de Dios. Y ambos tienen una manera prescrita para entrar a la presencia sagrada.

Pablo nos dice: "Examinaos a vosotros mismos si estáis en la fe; probaos a vosotros mismos. ¿O no os conocéis a vosotros mismos, que Jesucristo está en vosotros, a menos que estéis reprobados?" (2 Corintios 13:5). Otra vez se nos desafía: ¿No sabéis que sois templo de Dios, y que el Espíritu de Dios mora en vosotros?" (1 Corintios 3:16). Y nuevamente Jesús, hablando a nombre de sí mismo y de Dios el Padre prometió: "El que me ama, mi palabra guardará; y mi Padre le amará, y vendremos a él, y haremos morada con él" (Juan 14:23).

Tales afirmaciones son tan atrevidas que la mayoría de los maestros bíblicos se niega a tratar con estas por temor a ser acusados de herejía. Sin embargo, la increíble realidad de la Palabra de Dios no puede alterarse pese a los arreglos con la iglesia. El significado santo de la Palabra se levanta por encima de las tradiciones de los hombres y su incredulidad. Existe un "supremo llamamiento de Dios en Cristo Jesús" (Filipenses 3:14). No vamos a ignorar ni ver de prisa ninguna de las palabras de Dios. Más bien se nos anima a pasar tiempo en este mensaje, a estudiarlo, porque si usted lo recibe adecuadamente, se abrirá delante de usted una puerta que lleva al lugar secreto del Altísimo.

El atrio interior y el exterior

Existe un lugar en su espíritu donde Cristo habita realmente, un lugar duradero donde su Espíritu Santo y su espíritu humano literalmente se tocan. Usted es salvo eternamente, no porque aceptó una religión llamada cristianismo sino porque ha aceptado el Espíritu de Jesucristo en su corazón. Mediante Él usted puede venir a Dios.

Esto no es simplemente una doctrina de fe, es un hecho. Este lugar es un lugar santo. Aceptamos esta verdad porque es bíblica. Pero, ¿cómo ganamos acceso a este lugar santo? Y una vez que entramos, ¿es posible morar allí continuamente? El libro de Hebreos nos ofrece una respuesta. En el capítulo 9 leemos: "…dando el Espíritu Santo a entender con esto que aún no se había manifestado el camino al Lugar Santísimo, entre tanto que la primera parte del tabernáculo estuviese en pie" (v. 8).

Existe una manera de entrar en la presencia de Dios, pero esta manera no se revela mientras el tabernáculo exterior todavía permanezca en pie. ¿Qué es este "atrio exterior"? Para los judíos el atrio exterior era el mayor de las dos habitaciones de la tienda sagrada. En esta habitación encontramos el candelabro, la mesa y el pan sagrado (v. 2).

Era también la primera habitación a la que entraban los sacerdotes mientras ministraban en el servicio diario de adoración (v. 6). En esta tienda había una segunda habitación interior. A esta habitación entraba el sumo sacerdote una vez al año a través del velo, y esto no sin llevar la sangre que él ofrecía por sí mismo y por los pecados del pueblo (v. 7). Este era el Lugar Santísimo, el lugar donde Dios moraba en la tierra. En esta habitación moraba su presencia manifiesta. Dios no habitaba en el "tabernáculo"; Él habitaba en el atrio interior.

Las habitaciones interior y exterior del tabernáculo judío simbolizan nuestras propias naturalezas interna y externa. Nuestro "atrio exterior" es nuestra alma. Es la visión de la vida vista a través de la mente y las emociones (el alma) del hombre. En el atrio exterior de nuestra alma nuestro enfoque está en lo exterior. La adoración consiste en algo que nosotros "ejecutamos" mediante el cumplimiento adecuado de un ritual en particular de nuestra denominación o secta. Es esa parte que nos mantiene en la iglesia por el deber y no por la visión. Nos guía según nuestras tradiciones en lugar de ser guiados por el Espíritu.

Es muy raro, por no decir nunca, que una persona experimente la verdadera presencia del Dios viviente en el atrio exterior. Esta puede ser salva por *fe* pero por *experiencia* la presencia de Dios parece muy suprimida. Experiencia es un gran número de ideas, emocionalismo (o la falta del mismo), y mucha confusión con relación al orden en la iglesia, la escatología y los sistemas de adoración. Mientras que el hombre sea gobernado por las circunstancias y no por Dios, su "atrio exterior todavía permanece". Independientemente de cuán fervoroso parezca, hasta que la fuerza de su hombre exterior no quede quebrantada y surja un deseo interior de adorar y conocer a Dios, el camino al lugar santo permanece oculto.

Con la misma idea del paralelo entre el tabernáculo judío y la naturaleza humana, la Biblia nos dice que también había un "atrio interior" que ellas denominan "el Lugar Santísimo". Este atrio interior se corresponde al lado espiritual del hombre. Como sucedía con el templo físico, así pasa con el templo de la carne; la presencia de Dios mora en el atrio interior. En el templo físico, el atrio interior era tan sagrado, tan santo, que se mostraba gran cuidado antes de que pudiera entrarse al mismo. Nadie entraba accidentalmente al Lugar Santísimo. A este atrio interior entraba "el sumo sacerdote una vez al año, no sin sangre, la cual ofrece por sí mismo y por los pecados de ignorancia del pueblo" (Hebreos 9:7).

Este atrio interior era el lugar más sagrado de la tierra porque la presencia manifiesta de Yahvé, Dios de Israel, moraba en este lugar sagrado. Cuando pensamos en entrar a la realidad de la presencia de Dios, inmediatamente nos confronta la profanidad de nuestra pecaminosidad. ¿Cómo acercarnos a Dios y seguir viviendo?

Sin embargo, para nosotros, el camino a este lugar santo no es mediante la superación personal, guardar la ley o alguna falsa ilusión similar. Entramos a la presencia de Dios mediante nuestra relación con Jesucristo. Dios no está buscando perfeccionarnos a *nosotros* sino a nuestra *relación* con Jesús. Él es nuestro camino al Lugar Santísimo. Él dijo: " nadie viene al Padre, sino por mí" (Juan 14:6). El propósito explícito de Cristo es llevarnos "al Padre". La mayoría de los cristianos ponen esta promesa en el más allá. Sin embargo, Jesús vino a reconciliarnos con Dios en el *aquí* y el *ahora*.

¡No permita que esta verdad se le escape! Muchas de las imágenes, ideas y tradiciones que hemos usado para definir el cristianismo tienen cierto grado de engaño, no porque no sean verdaderas sino porque no llegan lo suficientemente lejos en cuanto a la voluntad y la provisión de Dios.

Las Escrituras nos dicen que: "por medio de Él tenemos entrada por un mismo Espíritu al Padre". La Palabra continúa y explica que somos "un templo santo en el Señor; en quien [nosotros] también [somos] juntamente edificados para morada de Dios en el Espíritu" (Efesios 2:18, 21–22). Somos el santo templo de Dios, su habitación en el Espíritu. Lo que buscamos es "acceso al Padre", donde el Eterno de hecho se comunica con nosotros.

El camino vivo y nuevo

Debido al pecado y la vergüenza todo hombre coloca una especie de barrera entre Dios y él mismo. La Biblia se refiere a tres ejemplos de un velo que separa a los judíos de Dios. El primero era el velo del templo hebreo. En este caso solo un hombre, el sumo sacerdote ungido, podía pasar por la gruesa cortina (llamada el "velo") al lugar santo de Dios, una vez al año. Este es el velo que se rasgó en dos cuando Jesús murió (Mateo 27:51). Esta barrera no solo separaba al atrio exterior del interior *sino que también separaba al mundo de los hombres de la presencia de Dios.*

Se menciona un segundo velo: un velo con el que Moisés cubrió su rostro después de haber estado con Dios. Aunque moisés sí tuvo intimidad con Dios, los judíos le suplicaron al profeta que se cubriera el rostro para no ver la gloria de Dios a pesar de que está ya se desvanecía (Éxodo 34:29–35).

Sin embargo, Pablo nos habla de un tercer velo, menos perceptible que los demás y por lo tanto más peligroso. Este es el velo que permanece sin levantar no solo de los corazones de los judíos sino de todos los que no conocen a Dios (2 Corintios 4:3–4). Este es el velo del que el apóstol dijo: "Pero cuando se conviertan al Señor, el velo se quitará" (2 Corintios 3:16).

Este tercer velo es el velo de nuestra propia vida. Cuando el velo del yo cubre nuestros corazones, nuestras percepciones quedan manchadas por la tendencia egoísta de nuestra naturaleza. Pero cuando uno se convierte al Señor, el velo del yo, como el velo del templo, se rasga en dos. No es que se corte una tela fina sino que se rasga el corazón, se parte en dos una tela muy entretejida de justicia propia y conciencia de la propia identidad. Es un desgarre violento, una ejecución, de la naturaleza propia no regenerada.

Solo si se crucifica al antiguo yo sin misericordia ni remordimientos el alma puede alcanzar el estado de pureza en el que comienza a percibir, por fin, la realidad de Dios. En Moisés vemos a un hombre *sin velo* delante de la presencia de Dios. Cuando Moisés regresaba a la tienda sagrada, se quitaba el velo del rostro y cruzaba las cortinas del velo que llevaban a la brillante gloria de Dios. Aquí las Escrituras nos dicen, en el brillo de la vida eterna que Moisés habló con Dios cara a cara.

De la misma manera, *la misma presencia sagrada ahora mora en el atrio interior de nuestros espíritus*. En Cristo, con nuestros velos rasgados del yo, el pecado, y la vergüenza, nosotros también podemos volvernos y mirar hacia la gloria de Dios, solo que la gloria que miramos no está fuera de nosotros. Ni se desvanece de nuestros rostros cuando nos alejamos de esta. El Espíritu de Dios mora en nosotros. Y cada vez que lo contemplamos verdaderamente, cada vez que Él se revela a nosotros, nuestros corazones cambian en grados interminables de gloria, nos transforma a su divina imagen de gloria en gloria (2 Corintios 3:18).

El velo de la carne de Cristo

A la luz de realidad espirituales tan asombrosas, no es de extrañar que Satanás luche contra el cumplimiento de la Palabra de Dios. Sin embargo, Dios ha provisto no solo la esperanza de la naturaleza divina sino también los medios para alcanzarla. El Padre ha provisto una ofrenda perfecta, un sacrificio que por siempre cumple con el castigo por el pecado. Él ha provisto una ofrenda que nos permite entrar "a través del velo, esto es, de su carne [de Cristo" a su gloriosa presencia (Hebreos 10:20).

Mire, el último velo que cruzamos no está hecho de lino, es el cuerpo carnal de Jesucristo. Volvemos a Dios a través de Él. Las Escrituras nos dicen: "Si confesamos nuestros pecados, Él es fiel y justo para perdonar nuestros pecados, y limpiarnos de toda maldad" (1 Juan 1:9).

La Palabra continúa:

> Hijitos míos, estas cosas os escribo para que no pequéis; y si alguno hubiere pecado, abogado tenemos para con el Padre, a Jesucristo el justo. Y Él es la propiciación por nuestros pecados; y no solamente por los nuestros, sino también por los de todo el mundo.
>
> —1 JUAN 2:1–2

Es a través del sacrificio de la sangre de Jesús que somos perdonados de manera perfecta, y limpiados por completo al entrar a la presencia de Dios. Cuando Cristo resucitó, entró al "más amplio y más perfecto tabernáculo, no hecho de manos, es decir, no de esta creación" (Hebreo 9:11). Cuando Jesús entró a este verdadero tabernáculo celestial, del cual el tabernáculo de moisés fue copia, Él no llevó sangre de cabras ni de becerros; *por su propia sangre, entró de una vez y para siempre al Lugar Santísimo* (vv. 12–14).

Nuevamente el libro de Hebreos ofrece la mejor imagen.

> De donde ni aun el primer pacto fue instituido sin sangre. Porque habiendo anunciado Moisés todos los mandamientos de la ley a todo el pueblo, tomó la sangre de los becerros y de los machos cabríos, con agua, lana escarlata e hisopo, y roció el mismo libro y también a todo el pueblo, diciendo: Esta es la sangre del pacto que Dios os ha mandado. Y además de esto, roció también con la sangre el tabernáculo y todos los vasos del ministerio. Y casi todo es purificado, según

la ley, con sangre; y sin derramamiento de sangre no se hace remisión.

—Hebreos 9:18–22

Bajo el antiguo pacto moisés rociaba la sangre de los animales sacrificados sobre todo lo que estaba en el lugar santo. *Mediante la sangre rociada él limpiaba la impureza elemental que existe en todas las cosas creadas.* Lo que Moisés hacía al rociar la sangre en el tabernáculo terrenal lo ha hecho Jesús por nosotros con su propia sangre en el tabernáculo celestial.

Fue, pues, necesario que las figuras de las cosas celestiales fuesen purificadas así; pero las cosas celestiales mismas, con mejores sacrificios que estos. Porque no entró Cristo en el santuario hecho de mano, figura del verdadero, sino en el cielo mismo para presentarse ahora por nosotros ante Dios.

—Hebreos 9:23–24

Aparte de usted y yo, no hay nada más en el tabernáculo celestial que esté contaminado. *Nosotros somos las "cosas celestiales" que necesitaban ser limpiadas con la sangre de Cristo antes de que pudiéramos entrar al verdadero tabernáculo.* Así como Moisés limpiaba con sangre la copia terrenal del lugar santo, también Jesús limpia a las personas que entran al verdadero tabernáculo con Él en el cielo.

Durante la cena de la Pascua, Jesús tomó una copa de vino simbólica y les dijo a sus discípulos: "Bebed de ella todos;

porque esto es mi sangre del nuevo pacto, que por muchos es derramada para remisión de los pecados" (Mateo 26:27–28). Hebreos nos dice que este sacrificio fue tan perfecto que "con una sola ofrenda hizo perfectos para siempre a los santificados" (Hebreos 10:14). Cuando Jesús accedió a morir por el hombre, en esencia lo que dijo al Padre fue: "Cada vez que ellos pequen, y por todo tipo de pecado que cometan, siempre que haya arrepentimiento y fe en sus corazones, mi vida es entregada por su redención".

> Así que, hermanos, teniendo libertad para entrar en el Lugar Santísimo por la sangre de Jesucristo, por el camino nuevo y vivo que Él nos abrió a través del velo, esto es, de su carne, y teniendo un gran sacerdote sobre la casa de Dios, acerquémonos con corazón sincero, en plena certidumbre de fe, purificados los corazones de mala conciencia, y lavados los cuerpos con agua pura.
>
> —HEBREOS 10:19–22

El llamado y el deseo de Dios es que nuestra adoración sea en espíritu y en verdad. *Mediante la provisión de Jesucristo podemos estar tan cerca de Dios como deseemos. Los límites no los pone Dios sino nosotros.* Con un asombro trascendente y un temor santo podemos inclinarnos y adorar en la realidad de su majestad. Mediante Jesús podemos acercarnos a Dios con un corazón sincero en plena certidumbre de fe, podemos entrar realmente y morar en el lugar santo de Dios.

Séptima parte

Pureza de corazón

❧

Es posible en este mundo caminar con pureza delante del Señor. En cada generación un "pequeño rebaño" recibe el Reino y cumple los propósitos de Dios para su generación (Lucas 12:32). Todo el que esté purificándose a sí mismo, así como Él es puro, es parte de ese pequeño rebano (1 Juan 3:3). Son puros por el amor no por la ley. Son una novia que se está preparando a sí misma para el esposo (Apocalipsis 19:7).

Capítulo 21

PUREZA DE CORAZÓN: VISIÓN ABIERTA

La percepción espiritual se basa en la pureza del corazón. Lo que vemos en la vida y cómo lo vemos está arraigado en el suelo de nuestros pensamientos. Si vamos a experimentar una visión clara y abierta con relación al reino de Dios, un corazón puro es sumamente necesario.

Percepción del Apocalipsis en el trono de Dios

EN EL LIBRO de Apocalipsis existe una maravilla: "junto al trono, y alrededor del trono, cuatro seres vivientes llenos de ojos delante y detrás alrededor y por dentro" (Apocalipsis 4:6, 8). Nuestro objetivo aquí no es desgastarnos en especulaciones acerca de estas criaturas. Nuestro objetivo es poseer esa pureza de corazón que se produce al vivir estando al tanto de Dios. Estamos buscando la visión abierta que se manifiesta en su trono.

Aunque estos "seres vivientes" pudieran representar cosas,

hay algo cierto: Juan no estaba ante una visión de pesadilla de seis bestias con alas, con docenas de ojos que cubrían sus cuerpos. Lo que Juan vio era un símbolo de una verdad más profunda. *Los muchos "ojos" representan la visión abierta, el "todo incluido" de estar en la presencia de Dios.*

Que se sepa, donde el Señor está, ahí está su trono también. Si usted ha tenido un encuentro con el Señor es porque su espíritu está en Su trono. Cuando usted nació de nuevo espiritualmente, nació *de arriba* (Juan 3:3). En este mismo momento, mediante la intervención del Espíritu Santo, su espíritu está "sentado" con Cristo en su trono en los lugares celestiales (Efesios 2:6). Donde está su presencia, también está su trono; donde está su presencia, también hay visión abierta.

Estos "seres vivientes" son símbolos de la vida que uno encuentra al habitar en la presencia de Dios. En Él nuestros ojos pueden *pensar*: ellos ven con discernimiento y comprensión. La mente de Cristo se mezcla con nuestra visión y revela lo que era imposible de ver con la estrechez de nuestra percepción; nosotros vemos "delante y detrás". Nuestra visión también viene del "centro [del] trono". No solo vemos realidades espirituales distantes sino que estamos lo suficientemente cerca como para penetrar y explorar las profundidades del propio Dios (1 Corintios 2:10).

Sin embargo, al mismo tiempo, estar cerca de Dios también nos da "ojos por dentro", ojos que chequean los motivos que mueven al ser, ojos interiores que nos guardan del pecado. Mientras más se abra nuestra visión, más grande veremos a Dios en su santidad. El menor pecado en nuestras

139

vidas se vuelve significativo, nos sentimos obligados a vivir en pureza delante de Él.

Los "cuatro seres" en el trono de Dios no cesan de decir: "Santo, santo, santo es el Señor Dios Todopoderoso" (Apocalipsis 4:8). Día y noche, Dios es santo. Cuando nuestros ojos espirituales se abren, las expresiones de nuestras bocas solo son: "Santo, santo, santo".

Un verdadero israelita tiene percepción espiritual

Jesús dijo sobre Natanael: "He aquí un verdadero israelita, en quien no hay engaño" (Juan 1:47). ¿Qué tipo de hombre era este joven discípulo que *Jesús* lo elogió? En el corazón de este hombre no había engaño ni mentira. ¡Cómo debemos desear esta pureza para nosotros mismos! Natanael tenía "ojos por dentro". Él se mantenía libre del autoengaño. *Cuando usted se aferra a la verdad en su interior, la percibirá en el exterior.* Natanael miró a Jesús y declaró: "Rabí, tú eres el Hijo de Dios; tú eres el Rey de Israel" (v. 49).

Jesús dijo a Natanael: "Cosas mayores que estas verás de cierto os digo: De aquí adelante veréis el cielo abierto, y a los ángeles de Dios que suben y descienden sobre el Hijo del Hombre" (vv. 50–51). Por el corazón honesto de Natanael Jesús supo que era inevitable una visión abierta. La visión abierta es el resultado de un corazón puro. Para aquellos que luchan contra el pecado, que detestan la falsedad, que de manera diligente buscan el andar en santidad, su lucha es una preparación para ver a Dios. Ustedes verán los cielos abiertos.

Por el embotamiento de nuestro corazón hemos llegado a anticipar la ceguera espiritual como una condición lamentable de este mundo. La verdad es que en el Antiguo Testamento uno de los juicios de Dios contra el pecado era que los cielos se "cerraban". De la misma manera muchos cristianos ven los cielos cerrados. Muy pocos ven con visión abierta ya sea en el reino celestial o en sus propios corazones. *Los cielos siempre están "cerrados" para un corazón endurecido.* Pero el Señor prometió: "veréis el cielo abierto, y a los ángeles de Dios".

Dios quiere que tengamos visión espiritual verdadera. Una señal de que el Espíritu Santo está involucrado en una iglesia es que "Vuestros jóvenes verán visiones, Y vuestros ancianos soñarán sueños" (Hechos 2:17). *Existe continuidad entre el reino de Dios en el cielo y su Reino en la tierra.*

Ah, están aquellos que dicen que lo sobrenatural se limitó estrictamente al primer siglo, que hoy "por fe andamos, no por vista" (2 Corintios 5:7). Sí, a menudo damos pasos de fe, caminamos sin tener un conocimiento previo de lo que implicará el próximo paso. *¡Pero sí percibimos a aquel que está en nosotros!* Nuestra confianza no es ciega, es una confianza probada, ¡vista! Caminar por fe y tener visión espiritual no es una situación de una u otra. Momentos antes de que Pablo dijera que andaba por fe, él escribió: " mirando nosotros las cosas que no se ven pues son eternas" (2 Corintios 4:18). Pablo tuvo una *percepción reveladora del reino espiritual.* ¡Él vio el cuerpo espiritual eterno que estaba preparado y esperando por él en los cielos (2 Corintios 5:1, 4)! Él supo cómo un "hombre fue arrebatado al paraíso, donde oyó palabras inefables que no le es dado al hombre expresar" (2 Corintios 12:3–4).

Podríamos seguir hablando de la percepción espiritual de Pablo pero el hecho es que él escribió un tercio del Nuevo Testamento en base a su visión abierta de Cristo. ¿Cómo vio las cosas que vio? Justo después de declarar "a cara descubierta [contemplamos] la gloria del Señor" (2 Corintios 3:18), él escribió: "Antes bien renunciamos a lo oculto y vergonzoso" (2 Corintios 4:2). Más adelante prosiguió: "Así que, amados, puesto que tenemos tales promesas, limpiémonos de toda contaminación de carne y de espíritu, perfeccionando la santidad en el temor de Dios" (2 Corintios 7:1). De un corazón purificado, de su santidad perfeccionada, vino una visión abierta de la gloria de Dios.

Recuerde, no estamos buscando experiencias; estamos buscando un corazón puro. No vamos corriendo tras visiones, queremos santidad. Así como el reino sobrenatural fue un fenómeno inesperado en la iglesia primitiva, también lo era la pureza, la condición que se esperaba en sus corazones. Por lo tanto, no sea como los tontos que buscan visiones. Usted debe buscar la santificación y cuando esté listo, si Dios quiere, Él le hablará de manera sobrenatural (Hechos 2:17–18). No busque invocar una "experiencia" con Jesús; busque tener un corazón limpio y permita que Cristo le examine y le purifique diariamente. Y a medida que Él le limpia con su Palabra y le purifica con su santidad, Él le llevará a su presencia. Él abrirá sus ojos a "cosas fuera y cosas dentro".

Capítulo 22

LA VIRGEN CONCEBIRÁ
UN HIJO

La Biblia es un libro de cambios. Las cosas nuevas se vuelven nuevas, lo muerto cobra vida, los perdidos son encontrados. Incluso aquellos que eran los más viles de los pecadores ahora la gracia les da poder para convertirse en la novia de Jesucristo.

La novia virgen de Cristo

SOMOS LLAMADOS A ser una novia santa, la esposa sin mancha de Jesucristo. Pero antes de ser novia, primero tenemos que convertirnos en una virgen. En la Biblia una virgen no era solo alguien libre de los pecados del sexo prematrimonial o una conducta inmoral; una virgen era también "alguien apartada para otro". En sentido en el que la iglesia debe convertirse en una virgen implica ser incorrupto, puro y sin contaminarse del mundo. Implica no ser tocado por las ideas, tradiciones o pecado del hombre. Para alcanzar la meta de la virginidad espiritual primero debemos consagrarnos perfectamente, apartarnos por completo para Jesús (2 Corintios 11:2–3).

Como todas las cosas en el cristianismo verdadero, la pureza de la iglesia no es la que se origina en sí misma, es aquella que se imparte como una virtud de Cristo. Es una virtud verdadera y viva; la virtud de Cristo. Jesús, como recordará usted, también fue virgen. Él se apartó para nosotros.

De hecho, es con referencia a la unión de Cristo con la iglesia, la ceremonia matrimonial del Hijo de Dios y el hombre, que Pablo escribió:

> Por esto dejará el hombre a su padre y a su madre, y se unirá a su mujer, y los dos serán una sola carne. Grande es este misterio; mas yo digo esto respecto de Cristo y de la iglesia.
>
> —Efesios 5:31–32

Cristo y su iglesia: ¡los *dos* se convierten en *una* carne! El apóstol dijo: "Este misterio es grande". No suponga que entiende esto solo porque puede leer. Este misterio es *grande*. Jesús dejó su relación posicional y sus privilegios como Hijo de Dios y se vistió a sí mismo de carne humana para poder absorber y luego resucitar a la humanidad a su propia estatura divina: ¡los dos se vuelven uno! Jesús siempre será el Hijo de Dios, pero en amor decidió aferrarse a su esposa, la iglesia. Y aunque Él es para siempre un Espíritu con el Padre, está para siempre *casado* con la iglesia. ¿Acaso no ha sido este el propósito eterno de Dios: traer el Espíritu de su Hijo a la iglesia y así crear al hombre a imagen y semejanza divinas (Génesis 1:26)?

La Escritura llama a Jesucristo el último Adán (1 Corintios 15:45). Él es el primogénito de la nueva creación, como Adán fue el primogénito de la vieja creación. El primer Adán, sin embargo, al serle fiel a Eva, cayó junto con ella en pecado. Pero Cristo, al serle fiel a su iglesia, nos ha redimido y levantado, nos ha sentado con Él en los lugares celestiales (Efesios 2:6).

El matrimonio de Adán y Eva, en el que Eva literalmente salió y nació de la esencia de Adán, es un tipo profético de la iglesia que nacería de la misma esencia de Cristo. Pablo nos dice que nuestros *cuerpos* son los miembros físicos de Cristo (1 Corintios 6:15; 12:12). No somos simplemente, en un sentido metafórico, el cuerpo de Cristo, sino que somos espiritualmente "hueso de [sus] huesos y carne de [su] carne" (Génesis 2:23).

Esta verdad no es teología de la Nueva Era; no es una herejía. Es la inalterable Palabra de Dios. Cristo mismo está *en* nosotros. Creer algo diferente es una herejía. La prueba de la ortodoxia cristiana, según la Escritura, está en 2 Corintios 13:5:

> Examinaos a vosotros mismos si estáis en la fe; probaos a vosotros mismos. ¿O no os conocéis a vosotros mismos, que Jesucristo está en vosotros, a menos que estéis reprobados?

Debemos reconocer esto con respecto a nosotros mismos: Jesucristo está en nosotros. Sí, es una herejía decir que somos

Cristo. Sin embargo, también es un error negar que Él está en nosotros. Pablo expresó este misterio cuando escribió:

> Con Cristo estoy juntamente crucificado, y ya no vivo yo, mas vive Cristo en mí; y lo que ahora vivo en la carne, lo vivo en la fe del Hijo de Dios, el cual me amó y se entregó a sí mismo por mí.
>
> —Gálatas 2:20

La preparación de la humanidad de Cristo

El propio Cristo está en nosotros. Sin embargo, para que Él salga *a través* de nosotros, nosotros debemos convertirnos en una virgen pura. El avivamiento se produce cuando Cristo preparara a un pueblo para sí; a medida que Él se levanta dentro de ellos, acerca a todos los hombres a sí mismo. La semejanza de ellos a Cristo es una puerta a través de la cual el propio Jesús entra al mundo.

"Por lo cual, entrando en el mundo dice: Sacrificio y ofrenda no quisiste; Mas me preparaste cuerpo" (Hebreos 10:5). Aunque es figurativo de la primera venida de Cristo, este versículo también se aplica a su presencia durante el avivamiento.

Afiance este pensamiento en su mente: cuando el Espíritu de Cristo entra al mundo físico, Él tiene que entrar a través de un cuerpo físico. Como dijimos, la gente o "cuerpo" que Cristo usa, tiene que ser santo necesariamente. Habrán sido preparados, apartados para Él de antemano. El propósito de ese cuerpo no es ofrecer sacrificios rituales típicos de la época y las costumbres de las personas. Más bien, cuando

Cristo entra al mundo, a través de ellos, Él repite su propósito eterno: "He aquí que vengo, oh Dios, para hacer tu voluntad" (Hebreos 10:7).

No debemos despreciar este tiempo de preparación. El propio Jesús vivió treinta años antes que se revelara y tuviera las facultades del Mesías. Aunque Jesús siempre fue el hijo de Dios, Él "crecía en sabiduría y en estatura" (Lucas 2:52). Él no podía aprender sobre el Reino de Dios en las universidades rabínicas de su época, ni podía ningún hombre enseñarle el misterio de lo milagroso. Todo esto tenía que venir directamente del Padre. Jesús siempre fue sin pecado y obediente, pero Hebreos 5:8–9 nos dice: "Y aunque era Hijo, por lo que padeció aprendió la obediencia y habiendo sido perfeccionado". El destino que el Padre planeó para Cristo fue algo en lo que Jesús se convirtió, y lo mismo debe suceder con nosotros.

Hebreos revela expresamente a Cristo como el Creador preexistente, Él es Dios de toda la eternidad (Hebreos 1:8). Sin embargo, en el desarrollo de la vida terrenal de Cristo, hubo un momento *en el tiempo* cuando su llamado mesiánico fue anunciado desde el cielo, donde comenzó en la tierra. Hasta ser bautizado por Juan, Jesús estuvo "de parto" para sacar afuera su destino, "en estado" de la promesa de Dios dentro de Él.

Después del bautismo en agua, mientras Jesús oraba, el Espíritu santo descendió sobre Él visiblemente con poder, los cielos abiertos y se escuchó en trueno la voz del Padre: "Tú eres mi Hijo amado " (Lucas 3:22). Y todas esas promesas y sueños, profecías y visiones, los treinta años de aprender obediencia y familiarizarse con el dolor, se dispusieron en una entrega perfecta, enfocados en este increíble momento del tiempo: " en ti tengo complacencia" (v. 22). De inmediato el poder del cielo fluyó al espíritu de Jesús y nació el ministerio del Mesías.

La voz de Dios habló, no a las multitudes, no por el bien de Juan el Bautista, sino a Jesús. Los requisitos y los días de preparación fueron cumplidos. El ministerio del Mesías nació en la tierra con poder.

María, un tipo de la iglesia

En otro sentido, María, la madre de Jesús, también fue un cuerpo que Dios preparó (Hebreos 10:5). Cuando Cristo entró al mundo como un niño, fue María a quien Dios escogió para dar a luz a Cristo. *La vida de María simbolizaba las cualidades que la iglesia debe poseer para andar en la plenitud de Cristo.* Ella era humilde, se consideraba una sierva del Señor; creyó firmemente en la palabra que se le dijo (Lucas 1:34–38). Y María era virgen. Estas características la calificaban para ser usada por Dios para estar embarazada de Cristo y darle a luz.

Al igual que María, nuestro estado humilde como siervos del Señor no es más que una preparación para que Cristo salga en nuestras vidas. Sí, hemos sido "disciplinados" por el Señor. Sin embargo, la meta de la disciplina del Señor no es simplemente castigar, Él busca hacernos *castos*: puros y espiritualmente perfectos. De hecho, nuestra pureza, nuestra virginidad espiritual como el cuerpo de Cristo no es nada menos que Dios mismo preparándonos, como lo hizo con María para "dar a luz" el ministerio de su Hijo. Incluso ahora, en el vientre espiritual de la iglesia virgen, el propósito santo de Cristo es crecer, aguardar la madurez, estar listos para nacer con poder en el tiempo de Dios.

Abrazar los dolores de parto

Vivimos en una época a la que la Biblia denomina "los tiempos de la restauración" (Hechos 3:21). Desde la Reforma, la verdad de Cristo ha sido restaurada paulatinamente a su iglesia. Desde la época oscura de la apostasía, cada vez que la presencia de Cristo se ha revelado de manera más completa ha sido porque "una iglesia virgen" ha estado de parto para presentarlo a Él. El Espíritu Santo impregna a Martín Lutero o a John Wesley, a una ama de casa o a una adolescente en Belén, una persona que Dios sabe que le dirá que sí continuamente, con una visión del Dios viviente. La visión se esparce a otros ya sea que se pruebe con persecuciones y se refine con el fuego, pero se esparce. Sí, esas personas no son perfectas. La verdad es que ni uno solo lo es. Pero en el camino su visión de Dios se apodera de sus almas. Se convierten en "una mujer vestida del sol", la iglesia virgen que "estando encinta, clamaba con dolores de parto" (Apocalipsis 12:1–2).

A medida que su hora se acerca, esta iglesia virgen deja a un lado sus muchas tareas para concentrarse en su gran comisión. Mediante la oración intensa y el agonizar del Espíritu Santo, con gemidos demasiado ahogados para las palabras, ella abraza el destino que tiene designado, hasta que la voz del Cristo mismo se escucha a través de sus oraciones: "He aquí que vengo, oh Dios, para hacer tu voluntad". Este pueblo santo, que surgió de Su Espíritu y con su poder, se fundió mediante el amor y el sufrimiento como si fuera un cuerpo que Dios ha preparado.

Incluso ahora el infierno tiembla y los cielos observan con asombro. Porque le digo que una vez más "la virgen concebirá".

Antes de que el propio Jesús regrese la última iglesia virgen quedará embarazada de la promesa de Dios. El cuerpo de Cristo saldrá luego de sus dolores de parto, alzado hasta la estatura completa de su cabeza, el Señor Jesús. La novia de Cristo, que se manifestó de manera colectiva en santidad, poder y amor, se levantará con vestiduras blancas, puras y brillantes. Durante este último y grande mover de Dios, vendrá una gran oscuridad sobre la tierra. Así como en el juicio de Egipto, será unas tinieblas que cualquiera las palpe. No obstante, en medio de la oscuridad, la gloria poderosa y visible del Señor Jesús se alzará sobre la iglesia virgen. Su gloria será vista sobre ellos. Las naciones serán atraídas a su luz, los reyes a la brillantez de su nacimiento. Aparecerán radiantes porque sus corazones poseerán a la bella estrella de la mañana. En una disposición santa, desde el vientre del amanecer, ¡su luz se regocijará como el rocío!

—ADAPTADO DE EFESIOS 4:13; APOCALIPSIS 2:26–27; ÉXODO 10:21; ISAÍAS 60:1–3; 2 PEDRO 1:19; SALMO 110:1–3

Para cerrar . . .

No nos olvidemos de que "el reino de Dios no consiste en palabras, sino en poder" (1 Corintios 4:20). Las palabras, por sí mismas, son una ilusión. Son meramente las etiquetas que usamos para definir la realidad; no son la realidad que representan. Recuerde, la diferencia principal entre el reino de Dios y la religión tradicional es que el reino posee en esencia lo que la religión solo tiene en palabras.

Nuestra meta es buscar y encontrar la santidad que nos lleve a la verdadera presencia de Dios. Tengamos en mente que el Señor habita en un lugar secreto. Ningún libro, ni maestro, ni persona puede descubrir por nosotros lo que el amor de Dios nos ordena a buscar por nuestra cuenta. Si sabemos que debemos buscar a Dios, somos deudores de nuestro conocimiento hasta que lo encontremos.

Por último, haga sencillamente lo que usted sabe hacer. Si tropieza, levántese. Si peca, arrepiéntase. Cualquier cosa que haga, independientemente de sus sentimientos, no pierda su visión de la semejanza a Cristo. Su visión es su esperanza más segura. Cuídela. Si usted es fiel a su meta de ser como Cristo, Dios le dará la gracia para vivir en su presencia. Y cuando Cristo, quien es su vida, sea revelado, usted también será revelado con Él en gloria (Colosenses 3:3–4).

—Francis Frangipane